Olaf Nollmeyer

Die souveräne Stimme

DANKSAGUNG

Dieses Buch ist Ergebnis jahrzehntelangen Lernens, Lehrens und Forschens.
Ich danke insbesondere meinem langjährigen Wegbegleiter und -bereiter
Franziskus Rohmert für seine großzügige Art des Unterrichtens,
Heinz Stolze für die wertvollen Anregungen zum Verständnis
und der Darstellung der physikalischen Grundlagen sowie
Daniela Ferro für ihre Geduld, ihre natürliche Art und ihr gutes Auge.

Etwas anonymer klingt der letzte Dank,
obwohl jeder der Adressaten selbst weiß, dass er oder sie gemeint ist:
Dank allen Seminarteilnehmern, Schülern und Coachees
für das Vertrauen und die fabelhafte Eigenart,
mich stets vor neue Rätsel zu stellen.

Olaf Nollmeyer

Die souveräne Stimme

Ganzheitliches Sprechtraining mit interaktiver CD-ROM

Bibliografische Information der Deutschen Bibliothek

Die Deutsche Bibliothek verzeichnet diese Publikation in der
Deutschen Nationalbibliografie; detaillierte bibliografische
Informationen sind im Internet über http://dnb.ddb.de abrufbar.

ISBN 978-3-89749-505-0

Lektorat: Rommert Medienbüro, Gummersbach. www.rommert.de
Umschlaggestaltung: +Malsy Kommunikation und Gestaltung, Bremen
Umschlagfoto: getty images, Hamburg
Fotos und Grafiken im Innenteil: Olaf Nollmeyer, Daniela Ferro
Der Abdruck der Abbildung auf S. 153 erfolgt mit freundlicher Genehmigung
der Verlagsgruppe Beltz, 69469 Weinheim
Satz: Rommert Medienbüro, Gummersbach. www.rommert.de
Druck: Salzland Druck, Staßfurt

© 2005 GABAL Verlag GmbH, Offenbach
3. Auflage 2010

Abonnieren Sie unseren Newsletter unter:
www.gabal-verlag.de

Inhalt

1. Auftakt

Lehrer, Dozenten, Trainer und Präsentatoren leben von ihren stimmlichen Fähigkeiten in Gespräch, Unterricht, Diskussion und Vortrag. Jede interessante Fragestellung oder ausgeklügelte Argumentation, jedes durchdachte Modell oder Gedankengebäude und jede Botschaft geht den Weg durch die Lippen – und in diesem Moment zählt vor allem das *Wie*.

1.1 Der Aufbau des Buches

Dieses Buch begleitet Sie auf dem Weg zu einer immer freieren Stimme. Es ist eine Anleitung zum eigenen Lernen. Theoretische Überlegungen und die Darstellung von Modellen kommen nicht ausführlicher als notwendig und nicht knapper als nützlich vor. **Anleitung zum Lernen**

Notkoffer für Eilige
Im Kapitel *Notkoffer* finden Sie sieben kurze Übungen. Es sind sozusagen Sofort-Hilfe-Maßnahmen für den Fall, dass Ihre Stimme müde oder gereizt ist und eine Pause braucht. Diese Übungen können Sie auch zur unmittelbaren Last-Minute-Vorbereitung nutzen. Sie wirken ausgleichend und entspannend. **Sieben kurze Übungen**

Wenn's wirklich ganz dringend ist, dann dürfen Sie schon jetzt weiterblättern. Oder legen Sie die CD ein: Die Übungen 1 bis 4 sind dort zum Anhören aufgesprochen. Auf weiterführende Erklärungen und Vertiefungen wird im Notkoffer bewusst verzichtet.

Der Stimmkompass sowie Übungen zum Stimmkompass
Stimmtraining bringt Verbesserung für die unterschiedlichsten Sprechsituationen: **Sprechsituationen**

- Vortrag
- Unterricht
- Präsentation

- Coaching
- Beratung
- Verhandlung
- Telefonat
- usw.

Vier fundamentale Eigenschaften

Der souveränen Bewältigung dieser Sprechsituationen liegen vier stimmliche Eigenschaften oder Fähigkeiten zugrunde:
1. Tragfähigkeit
2. Wärme
3. Beweglichkeit
4. Verständlichkeit

Über diese stimmlichen Fähigkeiten zu verfügen bedeutet, „mit allen Wassern gewaschen" zu sein. Im Kapitel *Übungen zum Stimmkompass* finden Sie ausführliche Übungen zu jeder dieser grundlegenden Fähigkeiten.

Gähnstopp! – Die Kunst des Vortrags

Das unterhaltsame Telefonbuch

Eine beliebte Schauspiellegende besagt, dass X, ein großartiger Vertreter seiner Zunft, anlässlich eines Bühnenballs – Festprogramm mit buntem Abend – das werte Publikum mit der Rezitation des örtlichen Telefonbuches eine geschlagene Stunde lang trefflich unterhalten haben soll. In diesem Kapitel werden auch Sie in das Geheimnis des fesselnden Vortrags – in das Konzept der *Sprechhaltung* – eingeweiht.

Stehen und Standing

Einen besseren Stand bekommen

Dieses Kapitel zeigt Ihnen, wie die Stimme mit dem Stehen zusammenhängt, wie sich beides auf Ihre Präsenz auswirkt und wie Sie vermittels eines verbesserten Stehens im wörtlichen und im übertragenen Sinne einen besseren Stand bekommen.

Die natürlichste Sache der Welt?

Im Berufsbild der meisten Sprechberufe kommt die Stimme – obwohl die stimmlichen Anforderungen als *hoch* einzuschätzen sind – erstaunlicherweise gar nicht vor. Welche Konsequenzen das in Ihrem sprecherischen Alltag hat und wie Sie konstruktiv damit umgehen können, zeigt dieses Kapitel.

Hintergründe

Das Kapitel Hintergründe vermittelt einen Einblick in die körperlich-klanglichen Zusammenhänge, die den Übungen dieses Buches zugrunde liegen. Es macht die Faszination des Phänomens Stimme nachvollziehbar.

Zusammenhänge verstehen

Die CD

Auf der CD finden Sie nicht nur Übungen zum Anhören (und Mitmachen!), sondern auch Hörbeispiele für bestimmte Klangphänomene sowie ein interaktives Stimmtraining. Mithilfe von drei Computerprogrammen können Sie Ihre Stimme sichtbar machen, klanglich verändern und Kontakt zu den Obertönen aufnehmen.

Hörbeispiele, Übungen und mehr

Letzteres ist nicht als Zirkusfähigkeit relevant, sondern der Klarheit, Tragfähigkeit und Wärme Ihres Stimmklangs zuträglich. Das visuelle und auditive Feedback ist sowohl für das Verständnis des Stimmklangs als auch zu seiner Entwicklung hilfreich.

Sie können die CD auf Ihrem Computer nutzen, indem Sie die Datei *index.html* aus Ihrem Webbrowser heraus bzw. mit einem Doppelklick öffnen. Mit einem normalen CD-Spieler können Sie den Hörbuchanteil mit vier Übungen aus dem Kapitel *Der Notkoffer* sowie einige Hörbeispiele anhören.

So nutzen Sie die CD

1.2 Die Übungen

Die Übungen eignen sich für „Anfänger" wie für Stimmerfahrene, da sie jeweils einen Rahmen für Erfahrungen aufspannen. Ihr Sinn liegt weniger in der Zunahme eines bestimmten Muskelumfangs (wie etwa der Bizeps in der Muckibude) als vielmehr in der Neuorganisation des Zusammenspiels der Teile.

Rahmen für Erfahrungen

So gesehen sind die Übungen Forschungsreisen. Forschungsgebiet sind Sie selbst. Die Übungen zielen auf die Erschließung Ihres Potenzials. Sie machen funktionale Zusammenhänge erfahrbar und eröffnen neben den augenblicklichen positiven Effekten mittel- bis langfristige Perspektiven.

Forschungsreise zu sich selbst

Dreiteilige Übungsstruktur

Das Muster Die Übungen sind nach einem simplen und effektiven Muster aufgebaut:

- *Teil 1:* Vorher
- *Teil 2:* Übungsimpuls
- *Teil 3:* Nachher

Teil 1 ist die Bestandsaufnahme des Beginns: Der momentane Klang, die momentane körperlichen Organisation, der emotionale Zustand usw.

Der Übungsimpuls im *Teil 2* beschreibt den Bewegungsablauf, die Neuorientierung der Wahrnehmung usw. Der Impuls dient dazu, bestehende Muster zu erweitern und zu differenzieren.

Teil 3 ist die Bestandsaufnahme der Wirkung des Übungsimpulses.

Die „Blaupause" **neu zeichnen** Diese Struktur sorgt dafür, dass das Tun nicht blind bleibt, sondern dass es das innere Bild vom Tun (die „Blaupause" bzw. „Software") verändert. Denn es ist ja nicht so, dass Sie nicht täglich sprechen und atmen würden. Jeder Erwachsene hat in seinem Leben Millionen Mal geatmet – und atmet dennoch nicht besser als ein Neugeborenes. Die Zahl der Wiederholungen einer Handlung verbessert deren Qualität allein noch nicht.

Aufmerksamkeit **macht den** **Unterschied** Die dreiteilige Übungsstruktur dagegen ist eine Qualitätskontrollschleife, die das Element der Aufmerksamkeit in die Handlung – hier: ins Sprechen – einschleust.

> Die Aufmerksamkeit während der Handlung macht den Unterschied fürs Lernen!

Das Neue wollen – aber vom Alten nicht lassen?

Bedingung für das Funktionieren dieser Schleife ist, dass die Wahrnehmung offen und wertungsfrei bleibt – das heißt, auch unerwartete oder unerwünschte Wahrnehmungen werden zunächst einfach als solche registriert. Im Unerwarteten liegt der Schlüssel zum Neuen.

Verschränken Sie beispielsweise einmal die Arme vor dem Bauch. Welcher Arm liegt oben? Oder verschränken Sie die Finger der Hände. Welcher Daumen ist außen? Wie fühlt sich das an?

Ein kleines Experiment

Lösen Sie Arme oder Hände wieder voneinander. Verschränken Sie diese jetzt auf die andere Weise. Wie geht das im Unterschied zu der anderen Art? Wie fühlt sich das an?

Sie werden bei diesem kleinen Experiment feststellen,

Ergebnisse

1. dass Sie über die andere Möglichkeit *nachdenken* müssen;
2. dass sich die andere Art der Verschränkung komisch anfühlt, vielleicht sogar fremd oder gar unnatürlich – jedenfalls nicht nach: „Ich verschränke die Arme/Finger."

Und genau das ist der Punkt: Geläufigkeit selbst ist kein Zeichen für eine gute Organisation, sondern zunächst einmal bloß Ausdruck der Gewohnheit – wie „gut" oder „schlecht" diese Gewohnheit auch sein mag. Das Neue kann sich nicht vertraut anfühlen. Es kann sehr angenehm sein – es darf sich dabei aber ruhig zunächst einmal fremd anfühlen.

Das Neue ist ungewohnt

Schaffen Sie einen geeigneten Rahmen

Schaffen Sie sich für die Übungen einen geeigneten Rahmen. Für die meisten Übungen (abgesehen vom *Notkoffer*) brauchen Sie etwa 20 ungestörte Minuten. Schalten Sie deshalb das Mobiltelefon aus und den Anrufbeantworter ein.

Schotten Sie sich ab

Einige weitere Hinweise:

- Für Übungen, die im Liegen stattfinden, eignet sich eine dicke Decke auf dem Boden oder eine geräumige Couch.
- Bei manchen Übungen benötigen Sie simple Hilfsmittel bzw. Spielgeräte wie zum Beispiel ein Gefäß (Vase, Krug) oder eine Papprolle. Diese Hilfsmittel werden Sie sicher in Ihrem Haushalt finden.
- Nur bei wenigen Übungen wird es lauter als Zimmerlautstärke.

Eignen Sie sich eine Übung Schritt für Schritt an
Im ersten Schritt geht es zunächst darum, eine Übung kennen
zu lernen. Wenn Ihnen die Übung gefällt bzw. die Übung eine
gute Wirkung hat, dann bleiben Sie eine Weile dran und lesen
nebenbei weiter.

Ein Repertoire aufbauen
Die erste schöne Übung muss aber nicht gleich die beste Übung
für Sie sein. Stöbern Sie deshalb weiter, das Angebot ist reichlich.
Bauen Sie sich im Laufe der Zeit ein kleines Repertoire an Übungen auf.

Denken Sie daran, dass es beim ersten Mal, beim Erlernen einer
Übung, durchaus Fragen zum Ablauf geben darf, und dass Sie
die Sequenz nicht sofort flüssig können müssen. In einem weiteren Stadium wird es möglich sein, die Übungen weitgehend
ohne Buch zu machen.

Effekt durch Erinnern
Auch beim Stimmtraining gilt: Übung macht den Meister. Im
letzten Schritt wird es genügen, eine Übung gedanklich blitz-
schnell zu erinnern, um den Übungseffekt zu erreichen.

Fragen führen weiter
Fraglos fragwürdig
Zu den Übungen gehören Fragen. Es ist dabei nicht wichtig, dass
Sie auf jede der Fragen auch gleich eine Antwort finden. Denn
offene Fragen sind der beste Anreiz, um weiterzugehen. Sie sind
der sprachliche Motor für Neugier und die Lust an Erweiterung.
Die Suche nach der Antwort ist dabei ebenso wichtig wie die
Antwort selbst.

Eigene Antworten finden
Das Finden von eigenen Antworten ist ein wichtiger Schritt in
der Erarbeitung einer neuen Wahrnehmungs- und Verhaltensstruktur. Auf diese Weise helfen Fragen, die Weichen neu zu
stellen und das Gleisnetz im Gehirn zu erweitern. Auf solchen
Gleisen gleiten wir im Alltag ohne Nachdenken oder bewusste
Anstrengung dahin.

Denken und formulieren im Komparativ
„Leichter", „fließender" und „weniger eckig" sind Beispiele für
ein vergleichendes Sprechen. Die grammatikalische Form dafür

ist der *Komparativ* (lateinisch: comparare – vergleichen). Das vergleichende Sprechen macht deutlich, dass eine Wahrnehmung immer in einem Kontext steht und nicht absolut gesehen werden kann. Das Sprechen im Komparativ zeigt an, dass es auch anders – besser (auch ein Komparativ!) – werden kann.

Die vergleichende Ausdrucksweise ist auch hilfreich, wenn Sie für sich Ihre Stimmziele abstecken. Wenn Sie etwa möchten, dass Ihre Stimme „frei" sein möge, dann kann es gut sein, dass Sie dieses Ziel nicht auf Anhieb erreichen. Vielleicht hören Sie in diesem Fall enttäuscht mit dem Üben auf – und das, obwohl die Stimme möglicherweise etwas „freier" geworden ist. Diesen Fortschritt aber übersehen Sie leicht, wenn Sie sich auf den quasi stationären Zustand der „Freiheit" versteift haben.

Sich nicht versteifen

Peilen Sie dagegen einen „freieren" Gebrauch der Stimme an, haben Sie gute Chancen, die kleinen Schritte, die Sie notwendigerweise auf dem Weg zum weiter entfernten Ziel durchlaufen, auch entsprechend zu würdigen. Die vergleichende Ausdrucksweise wird den Veränderungen im Lernprozess eher (schon wieder ein Komparativ!) gerecht.

Kleine Schritte würdigen

Machen Sie Pausen
Ebenso wichtig wie die Aktivität während einer Übung sind die Pausen. Die Pausen benötigen Sie meist nicht, weil die Übung bis dahin so anstrengend war. Die Übungen sollten im körperlichen Sinne überhaupt nicht anstrengend sein. Die Pause legen Sie ein, um dem Gehirn Zeit zu geben, die vorangegangene Erfahrung zu verarbeiten. Diese Verarbeitung ist dabei meist kein bewusster Prozess.

Dem Gehirn Zeit geben

Allerdings kann es durchaus sein, dass ein Körperteil, auf den Sie zuvor aufmerksam waren, während der Pause zum Beispiel zu kribbeln anfängt und wärmer wird. Die Ohren fühlen sich meist anders an, wenn man eine Weile bewusst gehört hat.

Ohrgekribbel

Der Sinn des Singens
Sprechen ist ein ungeheuer komplexer Vorgang. Bei manchen Übungen werden Sie gebeten, mit einem gesummten oder auch

mit einem gesungenen Ton zu arbeiten. Nun könnten Sie sagen: „Ich will doch kein Sänger werden!" Ein gesungener Ton stellt eine deutliche Reduktion der Komplexität dar.

Wahrnehmung durch Reduktion

Erst diese Reduktion macht es möglich, die eigenen Stimmfunktionen, den Körper und den Klang wahrzunehmen. Gesungene Töne kommen demnach im zweiten Teil der dreiteiligen Übungsstruktur vor und dienen nicht dem Selbstzweck, sondern helfen, die Funktionen der Sprechstimme zu verbessern.

Lieber öfter ein wenig als selten viel

Nur eine Übung am Stück

Die Übungen dauern etwa zehn bis 20 Minuten. Machen Sie nicht mehr als eine Übung am Stück. Lassen Sie sich danach Zeit, die Auswirkungen auf Ihr Stimmgefühl im Alltag zu bemerken. Wie auf anderen Gebieten ist es auch hier besser, öfter ein wenig zu tun, als selten sehr viel.

Gerüst zur Wahrnehmung der Stimme

Wahrnehmungen ordnen

In den Übungen werden Sie immer wieder zu Ihren Wahrnehmungen befragt. Da diese das Tun (hier: Sprechen) steuern, ist es nützlich, die eigenen Wahrnehmungen zu verfeinern und zu ordnen. In dem Maße, in dem Sie Ihre Beschreibungsfähigkeit vergrößern, vergrößert sich auch Ihre stimmliche Kompetenz.

Im Zentrum steht der Aufwand

Zentral in diesem Beschreibungsgerüst ist der Aufwand – alle anderen Elemente werden in Beziehung dazu gesehen. Jedem Oberbegriff sind spezifische Merkmale zugeordnet. Die Aufzählungen wurden mit Blick auf die Ziele dieses Buches ausgewählt und könnten theoretisch noch erweitert werden.

Um es bei den Übungen stets vor Augen zu haben, können Sie das Wahrnehmungsgerüst kopieren und ausschneiden.

Gerüst zur
Wahrnehmung
der Stimme

Klangfarbe
- dunkel – hell
- kräftig – dünn
- weich – kratzig

Klang im Körper
- gut wahrnehmbar
  – undeutlich
- mehr im Kopf –
  mehr im Hals
- mehr in der Brust –
  mehr im Rücken

Lautstärke
- leise – laut

Tonhöhe
- hoch – mittel – tief

Satzmelodie
- gleich bleibend – bewegt
- abfallend – ansteigend

Aufwand
- groß – klein
- anstrengend – leicht

Dynamik
- gleichmäßig laut oder leise – mal lauter, mal leiser

Tempo
- langsam –
  mittel – schnell

Bewegung
- bewegt –
  unbewegt
- bewegend –
  langweilig

Modulation
- monoton –
  variabel in der
  Tonhöhe
- zum Satzende
  eher anstei-
  gend – eher
  abfallend

Klang im Raum
- tragend – sich verlierend
- Tiefe/Helligkeit wird reflektiert

Rhythmus
- gleich bleibend – variabel

Grenzen der Eigenarbeit

Langsam arbeiten Es wird Stellen geben, an denen Sie nicht sicher sind, ob das, was Sie gerade tun, auch das ist, was per Übungsanleitung gemeint ist. Diese Unsicherheit lässt sich nie ganz ausschließen. Zum einen werden Sie in den meisten Übungen dazu angeleitet, mit wenig Kraft und wenig Druck sowie langsam zu arbeiten. Diese Bedingungen stellen sicher, dass Sie sich nicht selbst schaden, und sind zugleich Bedingungen fürs Lernen.

Lernen durch Unterscheiden Zum anderen findet Lernen immer in der Differenz, im Erfahren eines Unterschiedes statt. Auch jeder „Fehler" ist ein solcher Unterschied, und ohne Fehler zu machen, lässt sich nichts lernen.

Grenzen des Buches Andererseits wäre die Erwartung, alle „Stimmprobleme" sofort und vollständig lösen zu können, natürlich auch überzogen. Ein Buch ersetzt kein Seminar. Umgekehrt aber gilt dieser Satz auch! Die Übungen des Buches sind in der Praxis bewährt – aber: Nicht jede Übung ist für jeden in jedem Moment gleich gut. Ihnen diese Entscheidung nicht abnehmen zu können, ist eine Grenze des Buches.

Seminare und Einzelunterricht In Seminaren und im Einzelunterricht kann ein individuelles Training natürlich am besten gewährleistet werden. Im Internet finden Sie unter www.stimme-koerper-klang.de Informationen, Adressen und Termine. Im Kapitel *Die natürlichste Sache der Welt* erfahren Sie einiges zur Auswahl von Stimmseminaren und Lehrern, die Ihnen kompetent weiterhelfen können.

1.3 Die wichtigsten Thesen auf einen Blick

Verwandtschaften Ideen und Übungen dieses Stimmtrainings sind dem Feldenkrais, der Alexander-Technik, dem Schauspieltraining und besonders dem Funktionalen Stimmtraining verwandt bzw. entnommen. Die wichtigsten Annahmen dieses Buches lauten:

- Stimme ist der hörbare Abdruck von Bewegung. Die Stimmlippen sind dabei nur ein Teil eines komplexen Zusammenspiels, an dem der ganze Körper beteiligt ist. Stimmarbeit ist also immer auch Arbeit am ganzen Körper.

- Dieses Zusammenspiel wird von der Wahrnehmung gesteuert.
- Die Wahrnehmung bewegt sich dabei gern auf gewohnten Gleisen. Scheinbar plötzlich auftauchende Symptome in der Stimme wie Heiserkeit, Rauheit, Müdigkeit, Druckgefühl usw. sind nur Ausdruck der Grenzen eines Gewohnheitsmusters.

Grenzen eines Musters

- Diese Grenzen werden unter bestimmten Umständen schneller erreicht, als wenn Sie bloß beim Bäcker Brötchen bestellen. Zu diesen Umständen zählen
  - längere Sprechdauer,
  - große Räume,
  - Störschall,
  - erhöhte Emotionalität usw.

Mögliche Umstände

- Stimmtraining ermöglicht Erfahrungen mit der Stimme außerhalb des Gewohnten und verändert eingeschliffene Gewohnheitsmuster.
- Klang, Körper und Wahrnehmung machen das Mobile aus, aus dem das Stimmtraining besteht. Die Übungen des Buches, die Programme im interaktiven Stimmtraining und die Übungen zum Anhören auf der CD ermöglichen Ihnen eine spürbare und hörbare Verbesserung in allen drei Bereichen des Mobiles.

Spürbare Verbesserungen

1.4 Vom Lesen über das Tun zum Verstehen

Das Lesen ist eine Einladung zum Tun. Die hier vorgeschlagene Art des Tuns führt nicht nur zu einem intellektuellen, sondern auch zu einem unmittelbaren Verstehen – und das ist hör- und spürbar.

Das Verstehen ist hörbar

Dass Sie dafür zunächst ziemlich oft das Buch in der Hand haben, um eine neue Übung zu erlernen, ist normal. Ebenso normal ist es, dass Sie das Buch im Laufe der Beschäftigung mehr und mehr aus der Hand legen und mehr und mehr zu sich selbst – Ihrem Körper, Ihrer Bewegung und Ihrer Stimme – kommen. Denn dort liegen alle Antworten und warten auf Entdeckung.

1. Auftakt

Ich wünsche Ihnen viel Vergnügen mit dem Buch, mit der CD – und mit Ihrer Stimme!

Olaf Nollmeyer

Adresse des Autors P.S. Wenn Sie möchten, können Sie mich gern kontaktieren:
Olaf Nollmeyer, Hubertusweg 13, 26133 Oldenburg
Telefon (04 41) 48 55 490
www.stimme-koerper-klang.de

2. Der Notkoffer

Der Sturm bläst und zerrt an unserer Nussschale. Mann über Bord! Die Ladung rollt kreuz und quer über Deck, in den Kajüten steht schon Wasser – und steigt und steigt. In dieser Situation greift man nur noch nach dem Notwendigen, lässt die Rettungsboote runter und springt hinein. Langsam treibt das Rettungsboot in ruhigeres Gewässer. Mit im Rettungsboot: das Überlebenspäckchen.

Nach dem Notwendigen greifen

Wenn Ihre Stimme müde ist, wenn Sie eine Atempause für die Stimme brauchen oder sich in kurzer Zeit stimmlich „aufwärmen" möchten – dann kommt Ihnen dieser *Notkoffer* gerade recht. Aus den sieben einfachen Übungen können Sie eine oder mehrere auswählen.

Die Übungen dienen dem Spannungsausgleich im Körper, ermöglichen es, mehr bei sich und der eigenen Stimme anzukommen, und erlauben dem gesamten System, eine bessere Einstellung zu finden. Sie sind leicht zu erlernen und eignen sich auch für den Gebrauch zwischendurch.

Spannungen ausgleichen

Was ist drin im Notkoffer?
Der *Notkoffer* enthält sieben Übungen:
1. Erinnerung an eine angenehme Sprechsituation
2. Das Bild des Sitzens
3. Seufzen auf „w"
4. Die Aufrichtung
5. Hauch
6. „mm – nn – ng"
7. Lecker Essen!

Sieben Übungen

Die Übungen 1 bis 4 können Sie auf einem CD-Spieler anhören.

Auf CD

Überall und jederzeit können Sie die Übungen 1, 2, 3, 5 und 7 machen – sogar auf der Toilette! Der Vorschlag ist ganz ernst gemeint. Das WC ist ja einer der wenigen akzeptierten Rückzugsorte außerhalb der eigenen vier Wände – zum Beispiel bei Konferenzen, in der Schule usw.

Im Bett üben   Die Übungen 1, 3, 5, 6 und 7 sind auch für morgens oder abends im Bett geeignet – vor dem Einschlafen, beim Rekapitulieren des Tages oder als Vorbereitung auf den Tag vor dem Aufstehen.

Dreiteilige Übungsstruktur

Drei Teile   Die allgemeine Übungsstruktur sieht folgendermaßen aus:

- *Teil 1*
  Der erste Teil ist eine Bestandsaufnahme des gegenwärtigen stimmlichen Zustands.
- *Teil 2*
  Der zweite Teil besteht aus dem Übungsimpuls.
- *Teil 3*
  Im abschließenden Teil registrieren Sie die Unterschiede im Stimmklang und Körpergefühl im Vergleich zum Beginn der Übung.

Selbstwahrnehmung als Schlüssel   Vielleicht fragen Sie sich, warum gerade diese Struktur gewählt wurde. Um den Grad der Veränderung bemerken zu können, brauchen Sie einen Bezugswert. Deshalb beginnen die Übungen damit, dass Sie sich zunächst über die Ausgangslage, den anfänglichen Zustand klar werden, indem Sie einige Fragen beantworten. So können Sie dann im dritten Teil die Wirkung einer Übung wahrnehmen und einordnen. Außerdem trainiert das Beantworten der Fragen nebenbei die elementare Fähigkeit der Selbstwahrnehmung, ohne die weder auf kurze noch auf lange Sicht Veränderung möglich ist.

> **Wahrnehmung und die Erweiterung der Wahrnehmung sind für das Lernen essenziell.**

Die Dauer   Die Übungen des *Notkoffers* dauern etwa fünf bis zehn Minuten. Bei den ersten Durchgängen werden Sie vielleicht etwas länger brauchen, weil Sie sich den jeweiligen Ablauf ja zuerst aneignen müssen. Je mehr Sie sich mit den Übungen beschäftigen, desto weniger Zeit nehmen sie in Anspruch. Schließlich wird es reichen, eine Übung blitzartig nur noch zu durchdenken, um den Übungseffekt zu erreichen.

Die Übungen haben unterschiedliche Schwerpunkte:

Schwerpunkte

- mental
- körperlich
- klanglich
- inneres Körperbild

Beim Üben werden Sie herausfinden, welche Herangehensweisen Ihnen näher liegen bzw. einfacher zu verstehen sind.

2.1 Übung 1: Erinnerung an eine angenehme Sprechsituation

→ Diese Übung können Sie sich auch auf der CD anhören und das Buch dabei aus der Hand legen.

Erster Teil: Bestandsaufnahme
Werden Sie sich des Ausgangszustandes Ihrer Stimme bewusst. Sprechen Sie zu diesem Zweck drei oder vier Sätze oder summen Sie drei oder vier Töne. Beobachten Sie, wie sich das anfühlt. Machen Sie dann eine Pause.

Beschreiben Sie den wahrgenommenen Ausgangszustand. Die folgenden Fragen können Ihnen dabei helfen:

**Der Ausgangs-
zustand**

- War es leicht zu sprechen bzw. zu summen oder schwer?
- Klang die Stimme eher hell oder eher dunkel?
- Klang die Stimme eher hauchig oder eher kräftig?
- Klang die Stimme eher weich oder eher hart?
- Konnten Sie die Klänge in Ihrem Körper wahrnehmen? Wenn ja: Wo?
- Wo noch?
- Waren die Klänge eher leise oder eher laut?
- Konnten Sie die Klänge gut im Raum wahrnehmen oder eher weniger gut?
- War Ihre Stimme eher bewegt oder eher unbewegt?

2. Der Notkoffer

Es kann sein, dass Sie zu manchen dieser Fragen eine direkte und schnelle Antwort haben, während Sie sich bei anderen Fragen nicht ganz sicher sind.

Zwei Minuten lang Fahren Sie fort mit dem Sprechen oder Summen, und versuchen Sie weiter, sich selbst wahrzunehmen und den Ausgangszustand zu beschreiben. Tun Sie das etwa zwei Minuten lang.

Zweiter Teil: Übungsimpuls

Bequeme Haltung Machen Sie es sich bequem. Setzen oder legen Sie sich. Betten Sie den Kopf bequem. Gönnen Sie sich eine fünfminütige Rast.

Beschließen Sie, sich Ihrem Inneren zuzuwenden – die Welt kann einen Moment warten. Schließen Sie die Augen.

Erinnerung an angenehme Situationen Erinnern Sie sich an Situationen, in denen es angenehm war, zu sprechen. Diese können länger zurückliegen oder neueren Datums sein. Erinnern Sie sich an Momente, in denen die Stimme leicht lief. In denen Sie Spaß am Sprechen hatten und ganz in Ihrem Element waren.

Fragen Die nachstehenden Fragen können der Lebendigkeit der Erinnerung helfen. Sie müssen nicht alle Fragen beantworten können. Vielleicht erinnern Sie sich darüber hinaus an Einzelheiten, die von den Fragen nicht erfasst werden.

- Wo waren Sie damals?
- Worüber haben Sie gesprochen?
- Haben Sie gestikuliert?
- Woran konnten Sie bemerken, dass Sie Spaß am Sprechen haben?
- Woran hätte es ein Außenstehender merken können?

Wenn Sie Ihre Erinnerung ein wenig aufgefrischt haben, machen Sie ein kurze Pause.

Interner Lautstärkeregler Kehren Sie dann noch einmal zu Ihrem Erinnerungsbild zurück. Stellen Sie sich einen Lautstärkeregler für Ihre Erinnerung vor, ein Knopf, an dem Sie drehen, und die Erinnerung wird etwas deutlicher, etwas lauter vielleicht, vor allem klarer …

Ein anderer Knopf könnte die Farbigkeit des Bildes verstärken, und wenn Sie wollen, machen Sie den inneren Bildschirm ein bisschen größer. Gehen Sie innerlich näher an Ihre Erinnerung heran, sodass Sie alles gut sehen können.

Das Bild vergrößern

Stellen Sie sich schließlich vor, Sie könnten ganz in das Erinnerungsbild eintauchen – als erlebten Sie die angenehme Sprechsituation jetzt zum ersten Mal.

Ins Bild eintauchen

Wie fühlt sich die Erinnerung, wenn Sie sich selbst innerlich in einer angenehmen Sprechsituation gut hören können, an?

Wenn Sie wollen, können Sie einiges von dieser Erinnerung mitnehmen. Das Erinnern selbst passiert ja im Jetzt – also haben Sie im Prinzip Zugang zu dem, an das Sie sich erinnern, an das Gefühl, leicht, fließend und beweglich zu sprechen.

Die Erinnerung mitnehmen

Dritter Teil: Wahrnehmung der Unterschiede
Damit Sie einen Vergleich bekommen, sprechen Sie zum Abschluss noch einmal drei oder vier Sätze oder summen Sie drei oder vier Töne – ähnlich wie zu Beginn der Übung.

Erneut sprechen oder summen

Beobachten Sie die Veränderungen. Sie können dafür den Fragekatalog zur Beschreibung des Ausgangszustandes noch einmal durchgehen.

Fragen Sie sich nun:
- In welche Richtung hat sich Ihr gesamter Zustand verändert?
- In welche Richtung hat sich die Stimme verändert?
- Was haben Sie so noch nicht an sich erfahren?

Weitere Fragen

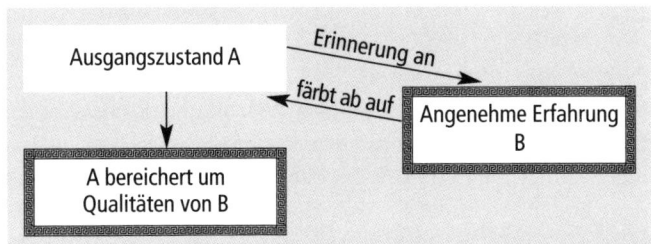

2.2 Übung 2: Das Bild des Sitzens

 → Diese Übung können Sie sich auch auf der CD anhören und das Buch dabei aus der Hand legen.

Erster Teil: Bestandsaufnahme

Werden Sie sich des Ausgangszustandes Ihrer Stimme bewusst. Sprechen Sie zu diesem Zweck drei oder vier Sätze oder summen Sie drei oder vier Töne. Beobachten Sie, wie sich das anfühlt. Machen Sie dann eine Pause.

Der Ausgangs-zustand Beschreiben Sie den wahrgenommenen Ausgangszustand. Die folgenden Fragen können Ihnen dabei helfen:

- War es eher leicht zu sprechen bzw. zu summen oder eher schwer?
- Klang die Stimme eher hell oder eher dunkel?
- Klang die Stimme eher hauchig oder eher kräftig?
- Klang die Stimme eher weich oder eher hart?
- Konnten Sie die Klänge in Ihrem Körper wahrnehmen? Wenn ja: Wo? Wo noch?
- Waren die Klänge eher leise oder eher laut?
- Konnten Sie die Klänge gut im Raum wahrnehmen oder eher weniger gut?
- War Ihre Stimme eher bewegt oder eher unbewegt?

Es kann sein, dass Sie zu manchen dieser Fragen eine direkte und schnelle Antwort haben, während Sie sich bei anderen Fragen nicht ganz sicher sind.

Zwei Minuten lang Fahren Sie fort mit dem Sprechen oder Summen, und versuchen Sie weiter, sich selbst wahrzunehmen und den Ausgangszustand zu beschreiben. Tun Sie das etwa zwei Minuten lang.

Zweiter Teil: Übungsimpuls

Kontakt mit dem Boden Setzen Sie sich auf einen Stuhl. Schließen Sie die Augen. Nehmen Sie den Kontakt der Füße mit dem Boden wahr. Welcher Fuß hat mehr Kontakt? Welche Teile des Fußes sind nicht im Kontakt mit dem Boden? Nehmen Sie sich einen Moment, um das zu erspüren.

Wandern Sie dann mit der Aufmerksamkeit zur Sitzfläche. Geben die Oberschenkel Gewicht an den Stuhl ab? Liegen sie breit auf der Sitzfläche auf oder eher schmal? Nehmen Sie die Lage und den Kontakt der Oberschenkel mit der Sitzfläche nur wahr, ohne etwas daran zu ändern.

Kontakt der Oberschenkel

Wandern Sie dann mit der Aufmerksamkeit die Oberschenkel entlang in Richtung Becken. Gibt das Becken Gewicht an den Stuhl ab? Ist das Becken eher innen oder eher außen im Kontakt mit der Sitzfläche? Je nach Stuhl oder Sitzgelegenheit liegt das Becken vielleicht auch an der Lehne oder an einem Kissen an.

Kontakt des Beckens

Lassen Sie die Aufmerksamkeit einen Moment lang abschweifen. Denken Sie einen Moment an etwas anderes … und kehren Sie dann wieder zu Ihrem Körper zurück.

Kurze Pause

Wie ist die Verteilung des Gewichts zwischen den Füßen, den Oberschenkeln und dem Becken? Welches dieser drei gibt am meisten, welches am wenigsten des Gesamtgewichts des Körpers an den Boden bzw. an die Sitzfläche ab? Welcher der drei Bereiche hat die größte Kontaktfläche?

Verteilung des Gewichts

Es ist möglich, dass Sie sehr deutliche Antworten auf diese Fragen haben, manche dieser Fragen können aber auch eher schwammige Antworten hervorrufen. Das ist in Ordnung.

Falls Sie angelehnt sitzen, wandern Sie mit der Aufmerksamkeit zu den Bereichen des Rückens, die im Kontakt mit der Lehne sind. Beobachten Sie, ob der Kontakt eher stärker oder eher schwächer ausgeprägt ist. Vergleichen Sie die Berührungsfläche mit der des Beckens. Ist sie größer oder kleiner?

Kontaktfläche Rücken

Machen Sie nun noch einmal eine kleine Pause.

Wie fühlen sich die Körperteile an, auf die Sie aufmerksam waren? Wie ist der Kontakt zu Ihrem Körper jetzt im Vergleich zum Beginn der Übung? Welche Körperteile, die Sie den ganzen Tag über nicht wahrgenommen haben, können Sie jetzt wahrnehmen?

Dritter Teil: Wahrnehmung der Unterschiede

Erneut sprechen oder summen Damit Sie einen Vergleich bekommen, sprechen Sie zum Abschluss noch einmal drei oder vier Sätze oder summen Sie drei oder vier Töne – ähnlich wie zu Beginn der Übung.

Beobachten Sie die Veränderungen. Sie können dafür den Fragekatalog zur Beschreibung des Ausgangszustandes noch einmal durchgehen.

Weitere Fragen Fragen Sie sich nun:
- In welche Richtung hat sich Ihr gesamter Zustand verändert?
- In welche Richtung hat sich die Stimme verändert?
- Was haben Sie so noch nicht an sich erfahren?

Das Zusammenspiel von Gehirn, Körper und Stimme

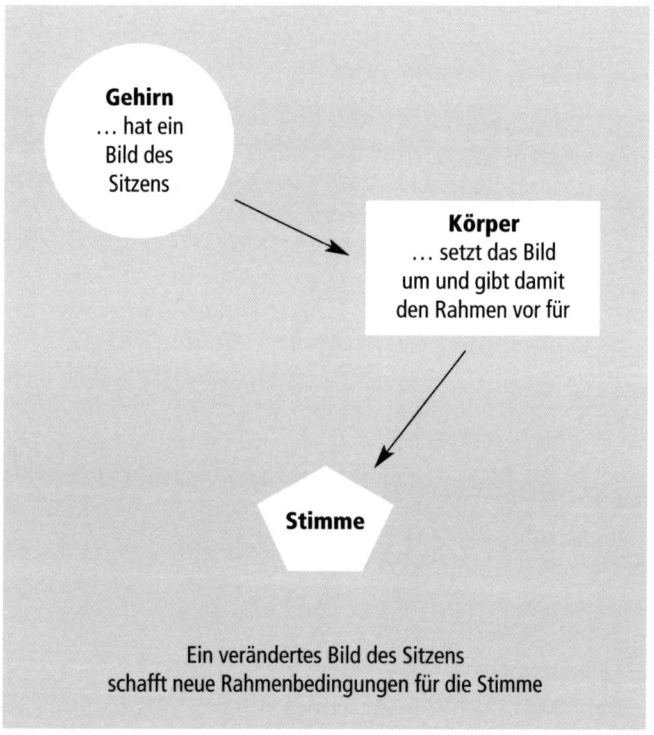

Gehirn
… hat ein Bild des Sitzens

Körper
… setzt das Bild um und gibt damit den Rahmen vor für

Stimme

Ein verändertes Bild des Sitzens
schafft neue Rahmenbedingungen für die Stimme

2.3 Übung 3: Seufzen auf „w"

→ Diese Übung können Sie sich auch auf der CD anhören und das Buch dabei aus der Hand legen.

Erster Teil: Bestandsaufnahme
Werden Sie sich des Ausgangszustandes Ihrer Stimme bewusst. Sprechen Sie zu diesem Zweck drei oder vier Sätze oder summen Sie drei oder vier Töne. Beobachten Sie, wie sich das anfühlt. Machen Sie dann eine Pause.

Beschreiben Sie den wahrgenommenen Ausgangszustand. Die folgenden Fragen können Ihnen dabei helfen:

Der Ausgangszustand

- War es eher leicht zu sprechen bzw. zu summen oder eher schwer?
- Klang die Stimme eher hell oder eher dunkel?
- Klang die Stimme eher hauchig oder eher kräftig?
- Klang die Stimme eher weich oder eher hart?
- Konnten Sie die Klänge in Ihrem Körper wahrnehmen? Wenn ja: Wo? Wo noch?
- Waren die Klänge eher leise oder eher laut?
- Konnten Sie die Klänge gut im Raum wahrnehmen oder eher weniger gut?
- War Ihre Stimme eher bewegt oder eher unbewegt?

Es kann sein, dass Sie zu manchen dieser Fragen eine direkte und schnelle Antwort haben, während Sie sich bei anderen Fragen nicht ganz sicher sind.

Fahren Sie fort mit dem Sprechen oder Summen, und versuchen Sie weiter, sich selbst wahrzunehmen und den Ausgangszustand zu beschreiben. Tun Sie das etwa zwei Minuten lang.

Zwei Minuten lang

Zweiter Teil: Übungsimpuls
Machen Sie es sich bequem. Setzen oder legen Sie sich bequem hin. Stellen Sie sich vor, Sie wären tagelang durch die Wüste gelaufen und nun endlich an einer wunderschönen, sattgrünen Oase angekommen. Mit einem Wort: „Schließ die Augen, Kleines!"

Der Casablanca-Effekt

29

Die Bewegung des Atmens lokalisieren Beobachten Sie die Bewegung des Atmens. Wo im Körper können Sie Bewegung fürs Atmen wahrnehmen? Lassen Sie sich Zeit, das zu erspüren.

Wenden Sie dann die Aufmerksamkeit dem Ausatmen zu. Beobachten Sie, welche Körperteile daran beteiligt sind.

Beim Ausatmen seufzen Das Ausatmen ist ein Loslassen von Spannung. Unterstützen Sie dieses Loslassen jedes Mal durch ein Seufzen. Seufzen Sie mit jedem Ausatmen. Seufzen Sie fünf bis zehn Mal.

Beginnen Sie dabei nicht, schneller zu atmen, sondern bleiben Sie bei dem Rhythmus, den Sie bisher hatten. Der Unterschied besteht allein darin, dass Sie das Ausatmen mit einem Seufzen begleiten.

Veränderungen in der Wahrnehmung Machen Sie dann eine Pause. Beobachten Sie Ihre Wahrnehmung der Atmung. Welche Bereiche können Sie nun als zur Atmung zugehörig bemerken, die Ihnen vorher nicht aufgefallen waren? Wie hat sich die Wahrnehmung der schon erspürten Körperteile verändert?

Seufzen auf „w" Beginnen Sie dann wieder, das Ausatmen mit einem Seufzen zu begleiten – diesmal aber mit einem langgezogenen „w". Beobachten Sie dabei den Kontakt der Unterlippe mit den Zähnen. Können Sie die Vibration dort bemerken? Lassen Sie das Seufzen mit jedem Mal etwas länger werden.

Rutschen der Tonhöhe Können Sie hören, dass der Ton beim Seufzen relativ hoch beginnt, nach unten rutscht und relativ tief aufhört? Das Seufzen ist eine Art Tonhöhenbewegung von oben nach unten. Achten Sie einmal darauf, wie sich die Tonhöhe im Verlaufe des Seufzens verändert. Lassen die Klangdauer noch länger werden.

Probieren Sie aus, ob Sie die Klangdauer dadurch erhöhen können, dass Sie mit jedem Mal einen Hauch leiser seufzen als beim Mal zuvor. Das heißt, bei den nächsten drei Seufzern ist der erste so wie bisher. Das zweite Seufzen wird ein wenig leiser. Das dritte Seufzen ist noch leiser als die Male davor.

Wiederholen Sie das leise Seufzen fünf Mal, und machen Sie dann eine Pause.

Dritter Teil: Wahrnehmung der Unterschiede
Damit Sie einen Vergleich bekommen, sprechen Sie zum Abschluss noch einmal drei oder vier Sätze oder summen Sie drei oder vier Töne – ähnlich wie zu Beginn der Übung.

Erneut sprechen oder summen

Beobachten Sie die Veränderungen. Sie können dafür den Fragekatalog zur Beschreibung des Ausgangszustandes noch einmal durchgehen.

Was war besonders interessant für Sie, als Sie die Übung diesmal gemacht haben? Was haben Sie so noch nicht an sich erfahren in Bezug auf

Weitere Fragen

- Ihre Stimme?
- den Stimmklang?
- Ihren Körper?
- den Zusammenhang zwischen Körper und Klang?

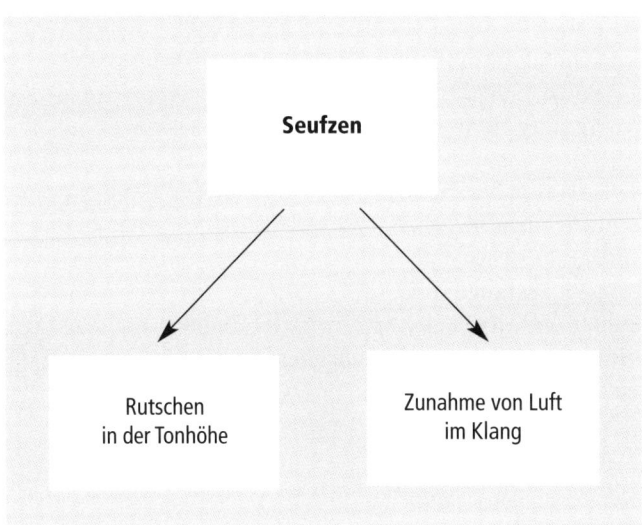

Die zwei Loslassbewegungen im Seufzen

Seufzen

Rutschen in der Tonhöhe

Zunahme von Luft im Klang

2.4 Übung 4: Die Aufrichtung

 → Diese Übung können Sie sich auch auf der CD anhören und das Buch dabei aus der Hand legen.

Erster Teil: Bestandsaufnahme

Werden Sie sich des Ausgangszustandes Ihrer Stimme bewusst. Sprechen Sie zu diesem Zweck drei oder vier Sätze oder summen Sie drei oder vier Töne. Beobachten Sie, wie sich das anfühlt. Machen Sie dann eine Pause.

Der Ausgangs-zustand Beschreiben Sie den wahrgenommenen Ausgangszustand. Die folgenden Fragen können Ihnen dabei helfen:

- War es eher leicht zu sprechen bzw. zu summen oder eher schwer?
- Klang die Stimme eher hell oder eher dunkel?
- Klang die Stimme eher hauchig oder eher kräftig?
- Klang die Stimme eher weich oder eher hart?
- Konnten Sie die Klänge in Ihrem Körper wahrnehmen? Wenn ja: Wo? Wo noch?
- Waren die Klänge eher leise oder eher laut?
- Konnten Sie die Klänge gut im Raum wahrnehmen oder eher weniger gut?
- War Ihre Stimme eher bewegt oder eher unbewegt?

Es kann sein, dass Sie zu manchen dieser Fragen eine direkte und schnelle Antwort haben, während Sie sich bei anderen Fragen nicht ganz sicher sind.

Zwei Minuten lang Fahren Sie fort mit dem Sprechen oder Summen, und versuchen Sie weiter, sich selbst wahrzunehmen und den Ausgangszustand zu beschreiben. Tun Sie das etwa zwei Minuten lang.

Zweiter Teil: Übungsimpuls

Das Sitzen beobachten Setzen Sie sich bequem auf einen Stuhl, auf ein Sofa oder auf den Boden. Beobachten Sie, während Sie sitzen, *wie* Sie sitzen. Das bedeutet nicht, dass Sie Ihr Sitzen ändern sollen. Nehmen Sie einfach wahr, wie Sie im Moment so dasitzen – egal ob mit offenen oder mit geschlossenen Augen.

Achten Sie auf den Unterschied in der Selbstwahrnehmung, wenn Sie nun Ihre Augen öffnen bzw. schließen. Wie viel Ihrer Wahrnehmungskapazität wird bei geöffneten Augen vom Sehen beansprucht?

Die Augen öffnen und schließen

- Sind es eher *zehn* Prozent? Das würde bedeuten, dass Sie sehen können, was außen vor sich geht, zugleich aber mit dem größten Teil Ihrer Aufmerksamkeit bei sich selber bleiben.
- Oder beansprucht das Sehen eher *achtzig* Prozent Ihrer Aufmerksamkeit? Das würde bedeuten, dass Sie Ihren Körper und sich selbst bei geöffneten Augen nur relativ schwer wahrnehmen können.
- Oder sind es sogar *hundert* Prozent? Das würde bedeuten, dass Sie – sobald Sie die Augen öffnen – Ihren Körper völlig „verlieren".

Um welches Maß vergrößert sich die Selbstwahrnehmung, wenn Sie die Augen schließen? Verdoppelt sich der Anteil? Verdreifacht er sich? Wenn Ihnen einige Unterschiede mit Blick auf die Selbstwahrnehmung klar geworden sind, machen Sie eine Pause.

Mehr Selbstwahrnehmung

Lassen Sie nun – aber nur soweit das *leicht* geht – Kopf und Hals nach vorne und nach unten in Richtung der Oberschenkel sinken. Bringen Sie Kopf und Hals dann wieder in die Ausgangslage zurück. Wiederholen Sie diese Bewegung etwas langsamer. Und beim darauf folgenden Mal machen Sie eine noch langsamere Bewegung.

Den Kopf senken und wieder aufrichten

Lassen Sie dann die Schultern – weiterhin ziemlich langsam – mit in die Richtung von Hals und Kopf gehen. Sie bewegen nun die Schultern, den Kopf und den Hals langsam sowohl nach vorn und unten in Richtung der Oberschenkel als auch wieder zurück in die Ausgangsposition.

Die Schultern mitnehmen

Wenn Sie die Schultern – und damit auch die Brustwirbelsäule – zusammen mit Kopf und Hals bewegen: Kommen Sie mit dem gleichen Aufwand und der gleichen Leichtigkeit zu den Oberschenkeln hin, oder ist dies nicht der Fall?

Das Becken mitnehmen Nehmen Sie bei einem der nächsten Male auch das Becken in diese Richtung mit, sodass nun der gesamte Oberkörper nach vorn rotiert und sich anschließend wieder aufrichtet – in einer sehr langsamen Bewegung. Beobachten Sie, wie sich das Gewicht in den Füßen durch das Nach-vorne-Rotieren verändert. Machen Sie diese Bewegung zwei bis drei Mal und dann eine kurze Pause.

Bleiben Sie dann einmal einen Moment lang nach vorn gebeugt, in einer Position, die Sie relativ leicht halten können. Schließen Sie die Augen und nehmen Sie Ihren Körper nach diesen wenigen Bewegungen bewusst wahr. Wie fühlt sich das Sitzen jetzt an? Welche Körperteile können Sie deutlicher wahrnehmen als zu Beginn? Gönnen Sie sich eine kurze Pause.

Wie verändert sich der Radius? Lassen Sie nun erneut den Kopf und den Hals nach vorn und unten sinken und beobachten Sie, um wie viel der Radius der Bewegung zunimmt, wenn Sie die Schultern und das Becken mit nach vorne und nach unten rotieren lassen. Wird der Radius *zweimal* so weit, wenn die Schultern und das Becken mitkommen? Oder nur ein *bisschen* weiter? Oder kommen Sie *viel* weiter nach vorn und nach unten? Beobachten Sie, wie sich die Bewegung verändert, wenn mehr Teile des Oberkörpers beteiligt sind. Anschließend ist es wieder Zeit für eine kurze Pause.

Kommen Sie nun noch einmal mit dem Kopf und dem gesamten Oberkörper ein wenig nach vorn und nach unten in eine Position, in der Sie relativ leicht bleiben können. Seufzen Sie in dieser Position ab jetzt mit jedem Ausatmen. Seufzen Sie vier Mal, während Sie mit jedem Seufzen ein Stück nach vorn und nach unten kommen. Beobachten Sie, wie Sie sich nach vorn und nach unten bewegen, ohne dass Sie dafür etwas anderes tun müssten, als zu seufzen.

Mit Ton

Kehren Sie dann in einer sehr langsamen Bewegung – weiterhin seufzend – im Verlauf mehrerer Seufzer zurück in die Ausgangslage. Beobachten Sie, wie das Becken rotiert, und seufzen Sie weiterhin. Nehmen Sie wahr, wie die Schultern und der Hals langsam wieder in die Aufrichtung kommen. Seufzen Sie, während Sie Ihren Kopf wieder aufrichten und die Augen den Horizont wiederfinden.

Langsam zurück

Schließen Sie für einen Moment die Augen und beobachten Sie, wie Sie jetzt im Kontakt zu Ihrem Körper sind. Beobachten Sie, welche Teile Ihres Oberkörpers Sie nun sehr leicht wahrnehmen können. Darunter mögen Körperteile sein, die Sie am Anfang nicht oder nicht so deutlich gespürt haben. Wo im Körper konnten Sie Ihre Seufzer fühlen? Machen Sie nun eine kurze Pause.

Den Körper spüren

Dritter Teil: Wahrnehmung der Unterschiede
Damit Sie einen Vergleich bekommen, sprechen Sie zum Abschluss noch einmal drei oder vier Sätze oder summen Sie drei oder vier Töne – ähnlich wie zu Beginn der Übung.

Erneut sprechen oder summen

Beobachten Sie die Veränderungen. Sie können dafür den Fragekatalog zur Beschreibung des Ausgangszustandes noch einmal durchgehen.

Fragen Sie sich nun:
- In welche Richtung hat sich Ihr gesamter Zustand verändert?
- In welche Richtung hat sich die Stimme verändert?
- Was haben Sie so noch nicht an sich erfahren?

Weitere Fragen

2.5 Übung 5: Hauch

Erster Teil: Bestandsaufnahme

Werden Sie sich des Ausgangszustandes Ihrer Stimme bewusst. Sprechen Sie zu diesem Zweck drei oder vier Sätze oder summen Sie drei oder vier Töne. Beobachten Sie, wie sich das anfühlt. Machen Sie dann eine Pause.

Der Ausgangs-
zustand
Beschreiben Sie den wahrgenommenen Ausgangszustand. Die folgenden Fragen können Ihnen dabei helfen:

- War es eher leicht zu sprechen bzw. zu summen oder eher schwer?
- Klang die Stimme eher hell oder eher dunkel?
- Klang die Stimme eher hauchig oder eher kräftig?
- Klang die Stimme eher weich oder eher hart?
- Konnten Sie die Klänge in Ihrem Körper wahrnehmen? Wenn ja: Wo? Wo noch?
- Waren die Klänge eher leise oder eher laut?
- Konnten Sie die Klänge gut im Raum wahrnehmen oder eher weniger gut?
- War Ihre Stimme eher bewegt oder eher unbewegt?

Es kann sein, dass Sie zu manchen dieser Fragen eine direkte und schnelle Antwort haben, während Sie sich bei anderen Fragen nicht ganz sicher sind.

Zwei Minuten lang
Fahren Sie fort mit dem Sprechen oder Summen, und versuchen Sie weiter, sich selbst wahrzunehmen und den Ausgangszustand zu beschreiben. Tun Sie das etwa zwei Minuten lang.

Zweiter Teil: Übungsimpuls

Machen Sie es sich bequem. Stellen Sie sich vor, Sie wären den ganzen Tag an frischer Luft gewesen, am Meer vielleicht, an einem schönen Ort in der Natur, und nun gönnen Sie sich eine Pause.

Einen leisen
Ton summen
Summen Sie im Ausatmen einen leisen Ton. Wiederholen Sie das bei jedem Ausatmen. Tun Sie das zehn Mal, und machen Sie dann eine Pause.

Vielleicht haben Sie bemerken können, dass es gar nicht so leicht ist, einen leisen Ton zu summen. Ab einer bestimmten Leisigkeit kann es vorkommen, dass man so leise ist, dass die Stimmlippen gar nicht erst ins Schwingen kommen. Das ist in Ordnung.

Tun Sie nun das, was Sie eben taten, mit geöffneten Lippen, sodass eine Art langes „oo" zu hören ist, wie es im Wort „schon" vorkommt.

Ein leises „oo"

Falls der Ton ins Stocken gerät, ist das immer noch in Ordnung. Sie könnten dann entweder lauter werden, sich räuspern oder aber *weiter ausatmen ohne Ton*. Die beiden anderen Möglichkeiten würden eine Erhöhung des Ausatemdrucks bedeuten. Das sind Strategien, die wir oft anwenden. Wenn wir nicht wissen, was wir tun, dann tun wir es eben mit mehr Kraft! Wählen Sie für dieses Mal einen anderen Weg: Wenn es stockt, dann geben Sie kurzzeitig das Ziel (ein „oo" singen) auf zugunsten einer gleich bleibenden Leichtigkeit im Ausatmen.

Leichtigkeit beibehalten

Singen Sie also im Ausatmen ein leises „oo". Wiederholen Sie das in etwa zehn Mal. Machen Sie dann eine Pause.

Die Pausen haben übrigens weniger den Zweck, eine vom vielen Tragen müde gewordene Muskulatur zu entlasten. Vielmehr geht es darum, Ihrem Nervensystem die notwendige Zeit zur Verarbeitung der neuen Erfahrung zu geben.

Zweck der Pausen

Ist Ihre Haltung noch bequem? Wollen Sie die Position wechseln? Dann tun Sie das jetzt. Auf Dauer wird *jede* Position irgendwann unbequem!

Positionswechsel?

Wenn Sie das nächste Mal auf „oo" ausatmen, beginnen Sie mit einem langen „hh". Beim „hh" ist viel Luft oder Hauch zu hören. Beginnen Sie also Ihr „oo" mit viel Luft.

Hhhhhooo

Atmen Sie dann ein paar Mal *nur mit Hauch* aus – ohne Ton, aber mit der Einstellung für ein langgezogenes „oo". Käme doch ein Ton, hörte man eben diesen Vokal. Können Sie den Hauch selbst hören?

Nur Luft

Den Ton in den Hauch tupfen Beginnen Sie dann mit Hauch, und lassen Sie erst im weiteren Verlauf des Ausatmens das „oo" dazukommen – so, als bliese zuerst die Brise, und erst dann setzten Sie die Segel ... Tun Sie das fünf Mal, und machen Sie dann eine Pause.

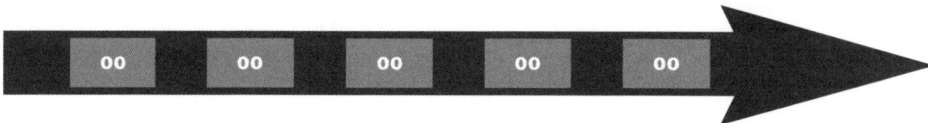

Dritter Teil: Wahrnehmung der Unterschiede

Erneut sprechen oder summen Damit Sie einen Vergleich bekommen, sprechen Sie zum Abschluss noch einmal drei oder vier Sätze oder summen Sie drei oder vier Töne – ähnlich wie zu Beginn der Übung.

Beobachten Sie die Veränderungen. Sie können dafür den Fragekatalog zur Beschreibung des Ausgangszustandes noch einmal durchgehen.

Weitere Fragen Fragen Sie sich nun:
- In welche Richtung hat sich Ihr gesamter Zustand verändert?
- In welche Richtung hat sich die Stimme verändert?
- Was haben Sie so noch nicht an sich erfahren?

2.6 Übung 6: „mm – nn – ng"

Erster Teil: Bestandsaufnahme
Werden Sie sich des Ausgangszustandes Ihrer Stimme bewusst. Sprechen Sie zu diesem Zweck drei oder vier Sätze oder summen Sie drei oder vier Töne. Beobachten Sie, wie sich das anfühlt. Machen Sie dann eine Pause.

Der Ausgangszustand Beschreiben Sie den wahrgenommenen Ausgangszustand. Die folgenden Fragen können Ihnen dabei helfen:
- War es eher leicht zu sprechen bzw. zu summen oder eher schwer?
- Klang die Stimme eher hell oder eher dunkel?

- Klang die Stimme eher hauchig oder eher kräftig?
- Klang die Stimme eher weich oder eher hart?
- Konnten Sie die Klänge in Ihrem Körper wahrnehmen? Wenn ja: Wo? Wo noch?
- Waren die Klänge eher leise oder eher laut?
- Konnten Sie die Klänge gut im Raum wahrnehmen oder eher weniger gut?
- War Ihre Stimme eher bewegt oder eher unbewegt?

Es kann sein, dass Sie zu manchen dieser Fragen eine direkte und schnelle Antwort haben, während Sie sich bei anderen Fragen nicht ganz sicher sind.

Fahren Sie fort mit dem Sprechen oder Summen, und versuchen Sie weiter, sich selbst wahrzunehmen und den Ausgangszustand zu beschreiben. Tun Sie das etwa zwei Minuten lang. **Zwei Minuten lang**

Zweiter Teil: Übungsimpuls
Diese Übung können Sie im Sitzen oder im Liegen machen. Summen Sie ein leises „mm". Wiederholen Sie das fünf Mal. Versuchen Sie dabei herauszufinden, wo im Körper Sie den Klang wahrnehmen können. **„mm"**

Machen Sie eine kurze Pause.

Legen Sie dann die Hände auf das Gesicht. Spüren Sie den Kontakt zwischen Händen und Gesicht. Beobachten Sie, wie das Gesicht durch den Kontakt der Hände ein wenig weicher wird. **Hände auf das Gesicht legen**

Summen Sie nun, mit dem Gesicht in den Händen, wiederum ein leises „mm". Wiederholen Sie dies fünf Mal, und beobachten Sie, was Ihre Hände vom Klang fühlen. **Hände fühlen den Klang**

Nehmen Sie dann die Hände vom Gesicht, während Sie weiter summen. Beobachten Sie im Gesicht das Nachgefühl – im Sinne eines Nachbildes beim Sehen –, wenn die Hände nicht mehr auf ihm liegen. Können Sie die Bereiche, auf denen die Hände auflagen, jetzt noch bemerken? Und wo überall können Sie das „mm" jetzt wahrnehmen? **Das Nachgefühl wahrnehmen**

2. Der Notkoffer

Machen Sie eine kurze Pause.

Wechsel „mm – nn" Legen Sie nun wiederum die Hände auf das Gesicht. Wechseln Sie im Summen zwischen „mm" und „nn". Wenn Ihnen der Unterschied zwischen den beiden Lauten klar ist, dann machen Sie den Übergang fließender.

Und weiter zu „ng" Wenn das gut geht, gehen Sie vom „nn" langsam weiter zum „ng" – dem Klang, den man bei den Wörtern „Singen", „Wange" oder „Menge" in der Mitte hört. Halten Sie diesen lange aus.

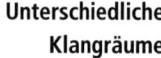

Unterschiedliche Klangräume Legen Sie für die ganze Reihe vom „mm" über das „nn" zum „ng" die Hände auf Ihr Gesicht. Spüren Sie, wie sich die einzelnen Klänge unterschiedlich im Kopf ausbreiten. Lassen Sie die Übergänge von Mal zu Mal fließender werden. Machen Sie dann eine Pause.

Dritter Teil: Wahrnehmung der Unterschiede

Erneut sprechen oder summen Damit Sie einen Vergleich bekommen, sprechen Sie zum Abschluss noch einmal drei oder vier Sätze oder summen Sie drei oder vier Töne – ähnlich wie zu Beginn der Übung.

Beobachten Sie die Veränderungen. Sie können dafür den Fragekatalog zur Beschreibung des Ausgangszustandes noch einmal durchgehen.

Weitere Fragen Fragen Sie sich nun:
- In welche Richtung hat sich Ihr gesamter Zustand verändert?
- In welche Richtung hat sich die Stimme verändert?
- Was haben Sie so noch nicht an sich erfahren?

2.7 Übung 7: Lecker Essen!

Erster Teil: Bestandsaufnahme
Werden Sie sich des Ausgangszustandes Ihrer Stimme bewusst.
Sprechen Sie zu diesem Zweck drei oder vier Sätze oder summen
Sie drei oder vier Töne. Beobachten Sie, wie sich das anfühlt.
Machen Sie dann eine Pause.

Beschreiben Sie den wahrgenommenen Ausgangszustand. Die
folgenden Fragen können Ihnen dabei helfen:

Der Ausgangs-zustand

- War es eher leicht zu sprechen bzw. zu summen oder eher
  schwer?
- Klang die Stimme eher hell oder eher dunkel?
- Klang die Stimme eher hauchig oder eher kräftig?
- Klang die Stimme eher weich oder eher hart?
- Konnten Sie die Klänge in Ihrem Körper wahrnehmen? Wenn
  ja: Wo? Wo noch?
- Waren die Klänge eher leise oder eher laut?
- Konnten Sie die Klänge gut im Raum wahrnehmen oder eher
  weniger gut?
- War Ihre Stimme eher bewegt oder eher unbewegt?

Es kann sein, dass Sie zu manchen dieser Fragen eine direkte und
schnelle Antwort haben, während Sie sich bei anderen Fragen
nicht ganz sicher sind.

Fahren Sie fort mit dem Sprechen oder Summen, und versuchen
Sie weiter, sich selbst wahrzunehmen und den Ausgangszustand
zu beschreiben. Tun Sie das etwa zwei Minuten lang.

Zwei Minuten lang

Zweiter Teil: Übungsimpuls
Machen Sie es sich bequem. Suchen Sie sich einen angenehmen
Ort und an dem Ort eine bequeme Lage. Schließen Sie die
Augen …

Bequeme Lage finden

… und denken Sie an ein leckeres Essen. Vielleicht erinnern Sie
sich an das letzte Mal, bei dem Ihnen etwas so richtig *gemundet*
hat. Denken Sie an eine Speise, bei der Ihnen *das Wasser im
Munde zusammenläuft* …

Ans Essen denken

Eine Pause machen Machen Sie mit der Vorstellung einen Moment Pause. Erspüren Sie das Gefühl im Mund, im Hals und im Rachen. Knurrt der Magen schon?

Stellen Sie sich die Bewegung der *Zunge* beim Essen vor.

Stellen Sie sich die Bewegung des *Unterkiefers* beim Essen vor.

Mit den Lippen schmecken Stellen Sie sich vor, Sie könnten mit den Lippen schmecken … natürlich Ihre Lieblingsspeise … das Geschmackskonzert im Gaumen …

Sie haben für dieses Spiel mit der Vorstellung alle Zeit der Welt.

Dritter Teil: Wahrnehmung der Unterschiede

Erneut sprechen oder summen Damit Sie einen Vergleich bekommen, sprechen Sie zum Abschluss noch einmal drei oder vier Sätze oder summen Sie drei oder vier Töne – ähnlich wie zu Beginn der Übung.

Beobachten Sie die Veränderungen. Sie können dafür den Fragekatalog zur Beschreibung des Ausgangszustandes noch einmal durchgehen.

Weitere Fragen Fragen Sie sich nun:
- In welche Richtung hat sich Ihr gesamter Zustand verändert?
- In welche Richtung hat sich die Stimme verändert?
- Was haben Sie so noch nicht an sich erfahren?

Ein Körperteil, zwei Ebenen

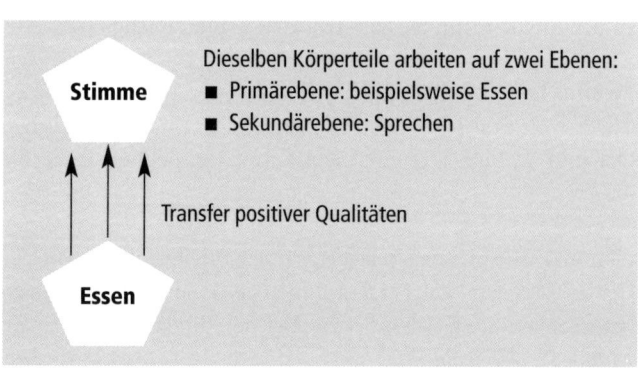

Dieselben Körperteile arbeiten auf zwei Ebenen:
- Primärebene: beispielsweise Essen
- Sekundärebene: Sprechen

Transfer positiver Qualitäten

2.8 Den Notkoffer packen

Die Übungen des *Notkoffers* geben einen Einblick in die Vielfalt von Stimmarbeit. Kurz zusammengefasst, sind die wesentlichen Elemente der Übungen:

Elemente der Übungen

- Vergegenwärtigung des Ausgangszustandes
- Schaffung einer angenehmen Übungssituation
- Das In-Beziehung-Setzen der Stimme zu anderen Aspekten Ihrer selbst. Wahlweise sind das:
  - Erinnerung an positive Erfahrungen
  - Mit dem Körperbild in Kontakt treten
  - Klangwahrnehmung
  - Einbeziehung des ganzen Körpers in die Klangerzeugung
  - Luftfluss-Verschließdruck im Kehlkopf (Hauch)
  - Differenzierung der Feinmotorik (hier am Beispiel Zunge)
  - Bezug der Stimme zu einem vegetativen Vorgang (Essen)
- Der spielerische, neugierige, ergebnisoffene Umgang mit diesen Elementen
- Der Vergleich des Endzustandes mit dem Ausgangszustand

Machen Sie sich vertraut mit den Übungen, beobachten Sie, auf welche der Übungen Ihre Stimme im Moment am meisten „anspringt", und bleiben Sie diesen Übungen eine Zeit lang treu.

Treu bleiben

Beobachten Sie, welche Auswirkungen die Übungen im Alltag haben. Diese Auswirkungen sind unmittelbar nach dem Üben am deutlichsten wahrnehmbar. Wenn es geht, nehmen Sie sich vor, nach Übungsende eine halbe Stunde lang Ausschau zu halten nach solchen Auswirkungen – in dem, wie Sie sich bewegen, wie bewusst Sie Ihrer selbst sind, wie Sie die Geräusche Ihrer Umwelt wahrnehmen, wie viel Kontakt Sie zu Ihrem Körper und zu Ihrer Stimme behalten können.

Auswirkungen beobachten

Der *Notkoffer* zielt mit seinen Übungen primär auf Erholung, Regeneration und Vorbereitung ab. Die Übungen zum *Stimmkompass* decken dagegen das gesamte Spektrum der Sprechstimme ab – ihre Tragfähigkeit, Verständlichkeit, Wärme und Beweglichkeit.

Notkoffer und Stimmkompass

3. Der Stimmkompass

Die Sprechstimme ist häufig extremen Anforderungen ausge- **Sprechsituationen**
setzt. Die Bandbreite unterschiedlicher Sprechsituationen ist
dabei enorm:
- Unterricht
- Vortrag
- Seminar
- Präsentation
- Entspannungsübung
- Mitarbeitergespräch
- Telefonat
- Elterngespräch
- Verhandlung
- Beratungsgespräch
- Schiffstaufe
- und so weiter

Viele Faktoren in diesen Sprechsituationen können Sie nicht di- **Ihre Stimme**
rekt beeinflussen, wie etwa die Größe des Raumes, seine Akustik, **gezielt gebrauchen**
den Störschall, den Grad der Müdigkeit der Zuhörer, die aktuelle
Wetterlage usw. *Etwas* aber liegt immer innerhalb Ihres Hoheits-
gebietes: die Art des Umgangs mit all diesen Faktoren – und
noch spezifischer: der Gebrauch Ihrer Stimme.

Die Vielzahl an Sprechsituationen lässt sich gut vereinfachen
und in vier grundlegende Stimmeigenschaften übersetzen:

Der Stimmkompass

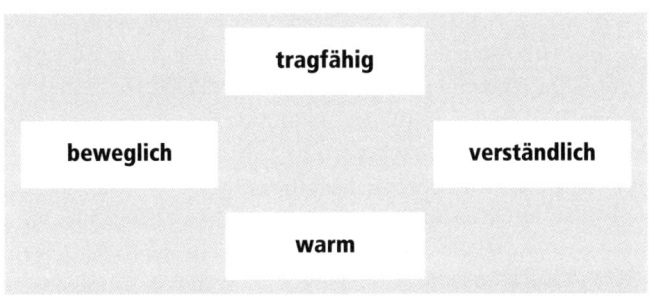

tragfähig

beweglich   verständlich

warm

- Welche der vier stimmlichen Eigenschaften kennen Sie am besten?
- In welchen sind Sie weniger zu Hause?
- Welche Eigenschaft verlieren Sie am leichtesten?
- Welche möchten Sie jetzt anfangen zu entwickeln oder auszubauen?

Um diese Fragen zu beantworten, ist die Abbildung um weitere Facetten ergänzt, die zugleich stimmliche wie emotionale Zuschreibungen sind:

Stimmkompass mit
weiteren Facetten

tragfähig
durchsetzungsfähig
kräftig
überzeugend
bestimmend

beweglich
emotional
melodiös
motivierend

verständlich
klar
deutlich
artikuliert
argumentativ

warm
ruhig
weich
persönlich
entspannend

Unterschiedliche Ausprägungen — Meist beherrscht ein Sprecher einen oder zwei dieser Bereiche gut, manchmal auch drei. Sicher fallen Ihnen beispielsweise Menschen ein, die sich stimmlich mühelos durchsetzen können, denen es aber zugleich an der Fähigkeit mangelt, weich und ruhig zu sprechen. Andere wiederum kommen vor lauter Ruhe nur schlecht in Bewegung und in Emotionalität. Und wieder andere opfern Weichheit und Wärme zugunsten der DEUT-LICH-KEIT.

Fähigkeiten sind situationsspezifisch — Im Folgenden wird beschrieben, in welchen Sprechsituationen jede dieser vier grundlegenden stimmlichen Fähigkeiten zum Tragen kommt. Es wird Passagen geben, in denen Sie sagen: „Das kenne ich!" Dann wissen Sie auch, woran Sie als Erstes üben sollten! Im Anschluss daran folgen Übungen, mittels derer Sie Ihre Stimme in Hinblick auf die vier grundlegenden Stimmeigenschaften trainieren können.

3.1 Symptome in Stimmthemen übersetzen

Stimmprobleme oder -symptome sind ein beliebter Anlass, sich mit der Stimme zu beschäftigen. Aber das Symptom ist nur Ausdruck eines bestimmten Gewohnheitsmusters.

Auf das Potenzial hin orientiert

Betrachten wir beispielsweise Symptome wie
- zu schnelles oder angestrengtes Sprechen,
- zu leises Sprechen,
- „Kloß im Hals",
- Heiserkeit.

Wenn eines dieser Symptome beispielsweise in einer Vortrags- oder Stresssituation auftaucht, entsteht es nicht plötzlich, sondern ist nur Ausdruck eines Gewohnheitsmusters. In der besagten Situation zeigt sich das Muster durch das Symptom nur *so* deutlich, dass selbst Sie es plötzlich – oder besser: endlich – bemerken.

Symptome sind Folge eines Musters

Um mit einem Bild zu sprechen: Wenn ein Auto zu rauchen anfängt, ist nicht *plötzlich* etwas kaputt. Schon lange vorher bestand ein Problem – vielleicht wurde beispielsweise seit Monaten kein Öl mehr nachgegossen. So ist auch meist ein stimmliches Muster, das jemand permanent benutzt, dafür verantwortlich, dass er nach einer halben Stunde lauten Sprechens scheinbar *plötzlich* heiser wird.

Die Übungen im Stimmkompass bearbeiten deshalb gewohnheitsmäßige, suboptimale Stimmmuster, die in den spezifischen Situationen nur deutlicher zutage treten und mit ihrer Wahrnehmung auch bearbeitbar werden.

Gewohnheitsmuster bearbeiten

Für eine erfolgreiche Bearbeitung ist es wichtig, dass Sie Ihr „Stimmsymptom" so formulieren, dass Sie sich mit der Formulierung ein positives Ziel setzen. Sagen Sie also nicht: „Ich will nicht mehr heiser werden." Das ist eine Negativformulierung. Eine Lösung des so formulierten Ziels könnte auch darin bestehen, dass Sie fortan schweigen.

Nach den Umständen suchen

Überlegen Sie stattdessen, in welchen Situationen Sie heiser werden. Fragen Sie sich, aus welchen Umständen sich Ihre Heiserkeit als Folge ergibt. Das könnten Störschall oder langes und lautes Sprechen sein. In diesen Fällen wären Sie in der ersten Kategorie des Stimmkompasses gut aufgehoben: bei der *Tragfähigkeit* der Stimme.

Sagen Sie also anstatt: „Ich will nicht mehr heiser werden" besser ziel- bzw. ressourcenorientiert: „Ich möchte lernen, tragfähiger zu sprechen."

Stimmsymptome in Stimmthemen übersetzen

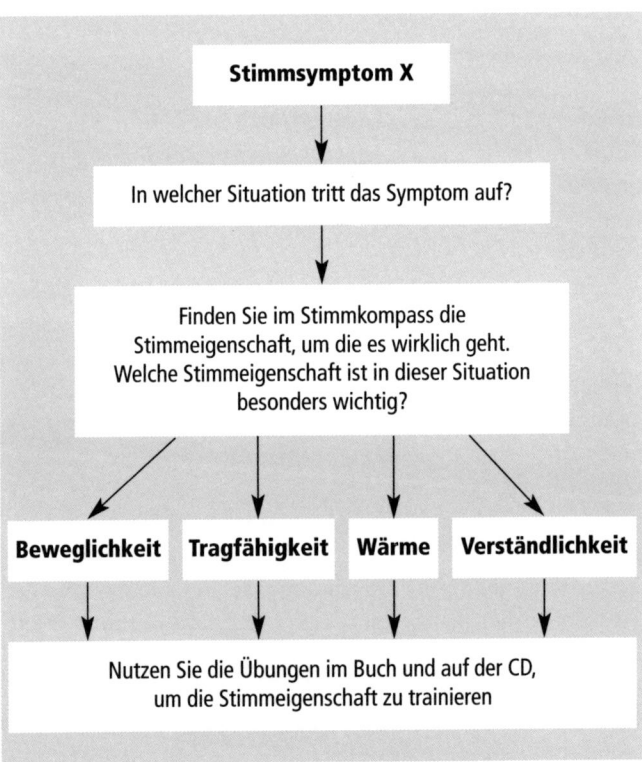

48

Für einen ersten Überblick finden Sie an dieser Stelle eine zusammenfassende Zuordnung von Symptomen zu der jeweiligen Stimmeigenschaft.

Tragfähigkeit

Es lohnt sich für Sie, die Grundlagen einer tragfähigen Stimme zu erfahren und zu üben, wenn

Tragfähige Stimme

- Sie mit dem Lauterwerden oder mit längerer Sprechdauer Schwierigkeiten haben,
- Sie ungünstig auf Störschall, größere Räume oder auf emotionalen Widerstand reagieren,
- Ihre Stimme leicht ermüdet.

Wärme

Die Ausführungen und Übungen zur Wärme helfen Ihnen, wenn

Warme Stimme

- Sie am Mikrofon oder am Telefon sprechen,
- Sie mit Ihrer Stimme andere auf einer persönlichen Ebene ansprechen wollen,
- Ihre Stimme leicht rau oder heiser ist,
- Sie stimmlich müde sind,
- Sie Ihre Stimme angenehm in sich selbst erfahren wollen.

Beweglichkeit

Die Übungen zur Beweglichkeit der Stimme sind gut geeignet, wenn Sie

Bewegliche Stimme

- eine Tendenz zu monotonem Sprechen haben,
- begeistern, mitreißen, spannend erzählen und Emotionalität vermitteln wollen,
- den Eindruck haben, in manchen Sprechsituationen nicht so lebendig zu sein, wie Sie es eigentlich sind,
- dazu neigen, sich zu sehr zu kontrollieren und zurückzuziehen.

Verständlichkeit

In diesem Abschnitt des Stimmkompasses finden Sie die passenden Übungen, wenn

Verständliche Stimme

- Sie eine Neigung zu undeutlichem Sprechen haben,
- eine Situation Exaktheit und Unzweideutigkeit erfordert,
- wenn Sie Ihre Artikulation verbessern möchten, weil Sie manchmal schlecht verstanden werden.

3.2 Tragfähigkeit

Die Kraft richtig einsetzen

Tragfähigkeit ist die richtige Antwort auf ein ungünstiges akustisches Umfeld und hat weniger mit Kraft als mit dem guten *Einsatz* von Kraft zu tun. Tragfähigkeit brauchen Sie etwa bei großen oder akustisch ungünstigen Räumen (z. B. manchen Seminarräumen) sowie bei Störschall (z. B. Schulklasse in der letzten Stunde vor den Ferien; Raum mit rauschenden Computern) und bei einer langen Sprechdauer. Entscheidend ist diese stimmliche Qualität auch, wenn Sie sich emotional durchsetzen oder behaupten wollen, zum Beispiel in einer Diskussion oder einer Verhandlung.

Ablehnende Haltung

Wer Schwierigkeiten mit dieser Stimmfunktion hat, hat oft auch eine ablehnende Haltung zu Aspekten wie Durchsetzungsvermögen, Standhaftigkeit und Konsequenz entwickelt. Häufig geht dies mit dem Gedanken einher, es gebe ja auch andere Wege ans Ziel als Stärke. Stimmt. Wer einen Nagel in die Wand schlagen will, braucht nicht unbedingt einen Hammer – man kann das Einschlagen auch mit der bloßen Hand versuchen … Bei solcher Strategie allerdings reibt man sich schnell auf – beim Einschlagen des Nagels ebenso wie in der entsprechenden Sprechsituation.

Hinter der Ablehnung von Durchsetzungsvermögen und Stärke steht in der Regel ein negativer Glaubenssatz wie zum Beispiel: „Ich darf mir keinen Raum nehmen", „Das steht mir nicht zu", „Hilfe, ich könnte gehört werden!"

Glaubenssätze umwandeln

Auf dieser Ebene ist es wichtig, sich klar darüber zu werden, dass Sie kraft Ihrer Funktion, Stellung und Qualifikation eine Entscheidung getroffen haben. Ein Trainer, Lehrer, Dozent oder Präsentator will und muss gehört werden! Unterziehen Sie also Ihre Glaubenssätze einer kritischen Betrachtung, und wandeln Sie diese Sätze bei Bedarf um.

Ziel: Gute Kraftverteilung

Tragfähigkeit und Durchsetzungsvermögen sind zwei Facetten stimmlicher Leistung. Als Kind haben Sie diese und andere Facetten noch regelmäßig und mit Vergnügen geübt und genutzt. Beide Eigenschaften hängen mit einer guten Verteilung des Aufwands, mit einer guten Verteilung der Kraft zusammen. Eine solche Kraft entspricht immer der eigenen Struktur, und es macht Spaß, sich auf diese Art als stark zu erleben. Das kann man leicht erfahren, üben und bei Bedarf einsetzen.

Ziel: Gute Energieverteilung im Frequenzspektrum

Auf akustischer Ebene ist Tragfähigkeit nicht auf Lautstärke reduzierbar. Vielmehr geht es um die Ausbildung bestimmter Klanganteile, die den Stimmklang tragfähig und für Ihre Zuhörer gut wahrnehmbar machen. Diese Klanganteile sind leicht zu hören, und ihre Wirkung kann mit einfachen Mitteln erfahrbar gemacht werden.

So gesehen sind Tragfähigkeit und Durchsetzungsvermögen weniger eine Frage der Kraft als vielmehr der *Einstellung* und der *Feinjustierung.*

Feinjustierung statt Kraft

Für Tragfähigkeit und Durchsetzungsvermögen gilt:

Wer seine eigene Stärke erfahren hat, kann entscheiden, wann und wie er sie gebrauchen will.

Im Kapitel „*Übungen zum Stimmkompass*" finden Sie folgende Übungen zur Tragfähigkeit:
- Die Papprolle
- Erweiterung der Papprolle
- Kraftverteilung

Im interaktiven Stimmtraining auf der CD finden Sie die beiden Übungen

- Tragfähigkeit/Durchsetzungsfähigkeit sowie
- Tragfähigkeit der Stimme.

3.3 Wärme

Wo Wärme gefragt ist — Die stimmliche Eigenschaft der Wärme brauchen Sie bei einem Telefonat, bei Gesprächen unter vier Augen, bei Beratungsgesprächen, beim Sprechen in kleineren Räumen, beim Sprechen mit Mikrofon sowie beim Moderieren eines Gesprächs. In größeren Gruppen (Seminar, Schulklasse) kommt diese Eigenschaft etwa bei der Begrüßung oder Verabschiedung zum Tragen. Des Weiteren beim – für Lehrer und Dozenten recht häufigen – Wechsel zwischen inhaltlicher und persönlicher Ebene („Max, was ist denn? Hat Susi dich schon wieder gekniffen?").

Weichheit und Ruhe — Zur Wärme gesellen sich Weichheit und Ruhe. Wer Wogen glätten, beruhigen, besänftigen, schlichten oder moderieren will, muss auch selbst stimmlich zur Ruhe fähig sein. Gleiches gilt für das Anleiten von Entspannungsübungen. Wärme ist außerdem entscheidend, wenn Sie selbst ruhig bleiben wollen, zum Beispiel wenn Sie kritisiert, beleidigt oder angegriffen werden.

Wärme ist ein Muster, das die Möglichkeit zur Erholung, zur Orientierung und Neueinstellung gibt. Damit ist diese Stimmeigenschaft für Veränderung und für das Lernen unabdingbar.

Probleme mit der Wärme — Schwierigkeiten mit der Wärme können daraus resultieren, dass Ruhe eben auch leicht zu stören ist. Wodurch sollte Lärm gestört werden? Eben. Dafür lässt aber Lärm bzw. große Lautstärke auch keine Wahl mehr zu: Sie können sich dem Lärm nicht entziehen. Für Geschwindigkeit gilt Ähnliches: Fahren Sie im Auto mit hohem Tempo, verengt sich Ihr Blickwinkel. Sie haben nicht mehr die Wahl, nach links und rechts zu schauen.

Ruhe erhöht die Wahlfreiheit — Ruhe oder Leisigkeit hingegen eröffnen dem Hörer wie dem Sprecher Wahlmöglichkeiten. Beim langsamen Fahren oder Zu-Fuß-Gehen ist es ähnlich: Da können Sie jederzeit variabel die Richtung ändern, pausieren, aufspringen, sich wenden usw.

Für Wärme als Stimmeigenschaft gilt: Um Ruhe ausstrahlen zu können, müssen Sie selbst zur Ruhe kommen.

In der Musik ist dies ebenso: Ab einer bestimmten Lautstärke gibt es nichts Lauteres mehr. Sie können etwas noch Lauteres erst dann als noch lauter empfinden, wenn Ihnen schon die Trommelfelle aus den Ohrmuscheln fallen. In der leiseren Richtung gibt es dagegen fast unendlich viele Abstufungen. Kein Chor hat normalerweise Probleme damit, laut zu werden. Gute Chöre dagegen zeichnen sich durch ihre Fähigkeiten aus, auch besonders leise singen zu können.

Die Fähigkeit zum Leisen

Lassen Sie Ruhe zu, um Ihrer Stimme mehr Wärme zu geben. Geben Sie dem anderen Raum, sich zu äußern. In einem von Ruhe geprägten Gespräch muss man nicht erst brüllen oder hauen, um sich bemerkbar zu machen: In der Ruhe ist schon ein hörbares Einatmen, die kleinste Regung ein Zeichen. Ruhe ermöglicht also eine viel feinere Kommunikation und erlaubt dem Hörer zugleich, im Zuhören nach innen zu gehen.

Ruhe und Kommunikationstiefe

Für den Sprecher bedeutet das, den Zuhörer oder Gesprächspartner mehr und mehr als ebenbürtig zu akzeptieren und selbst immer mehr Moderator zu sein, statt sich als allwissender Quatschkopf zu versuchen. Leise werden heißt, abgeben können.

Abgeben können

> Um anderen nah sein zu können, müssen Sie sich selbst nah sein können.

Ziel: Druckminderung

Auf körperlicher Ebene geht es hier um Qualitäten, die alle nicht mit Druck zu erreichen sind:

Ohne Druck

- Weichheit
- geringer Kraftaufwand
- größtmögliche Flexibilität
- Freiheit der Atmung

Ziel: Tiefe und Weichheit im Klang

Auf klanglicher Ebene entspricht Wärme den tiefen Anteilen und der Luft im Klang.

Nähe ermöglicht Kommunikation

Wer die stimmlichen Muster für Nähe und Vertraulichkeit an sich selbst erfährt und übt, lernt auch, diese Muster mit Respekt für sich selbst und den anderen einzusetzen. Die Fähigkeit, Nähe herzustellen, ist eine Voraussetzung für gelungene Kommunikation.

Im Kapitel „*Übungen zum Stimmkompass*" finden Sie folgende Übungen zur Wärme:

- Sitzen, liegen
- Hauch
- Die Vase
- Erweiterung der Vase
- Bögen
- Wie sag ich's meinem Hund?

Im interaktiven Stimmtraining auf der CD finden Sie die drei Übungen

- Die Tiefe des Klangs,
- Weichheit der Stimme sowie
- Warmer Sinusgenerator.

3.4 Beweglichkeit

Kein monotones Gebrumm

Stimmliche Beweglichkeit ist vor allem im Vortrag, beim Unterricht und im Gespräch wichtig. Wenn Sie spannend erzählen wollen oder Ihre Zuhörer begeistern und mitreißen möchten, geht das nicht mit monotonem Gebrumm. Die Stimme muss vielmehr in Tempo, Tonhöhe und Rhythmus variabel sein. Die stimmliche Fähigkeit der Beweglichkeit steht für ein lebendiges Sprechen.

Unproduktiver Anspruch: Perfektionismus

Schwierigkeiten mit dieser Stimmeigenschaft resultieren oft aus Ängsten – etwa der Angst, etwas falsch zu machen oder etwas Falsches zu sagen. Diese Ängste sind häufig mit rigiden Vorstellungen vom „richtigen" Sprechen verbunden. Das funktioniert dann ähnlich dem Knigge im Kopf, der lebendige Menschen bei feierlichen Anlässen in Schaufensterpuppen mit „Cheese"-Lächeln verwandelt.

Hinter diesen Ängsten steht wiederum ein äußerst harter und unproduktiver Anspruch: kein geringerer nämlich als der, perfekt zu sein. Der Weg, Fehler zu vermeiden, besteht generell darin, einfach von allem weniger zu tun nach dem Motto: „Wenn ich nichts mache, mache ich auch nichts falsch."

Körperlich bedeutet dies: „Ich halte sicherheitshalber schon vorher alles ein bisschen fester. Dann kann sich auch nichts spontan bewegen." Daraus resultieren Starrheit, Enge und schematisches Handeln. Das ist für den Betroffenen selbst äußerst ermüdend: Jeder Schritt, selbst der einfachste, muss vorher überlegt und durchdacht werden. Eine solche Stimme hört sich eher monoton oder leblos an.

Kontrolle körperlich betrachtet

Auch der Versuch, sich hinter seinen Inhalten zu verstecken, zielt in diese Richtung: „Der Inhalt muss interessant sein, nicht ich." Doch auf diese Weise kann man selbst ein Drama von Shakespeare in einen abendfüllenden Dauergähner verwandeln.

Inhaltsebene als Maske

„Ja, wenn ich nur einen interessanten Stoff hätte, dann ..." – wer so denkt, beraubt sich als Sprecher obendrein der Möglichkeit, seinen Vortrag zu verbessern. Außerdem: Wäre es tatsächlich so, dass der Inhalt über die Güte des Gesprächs oder Vortrags entscheidet – ja dann ... dann wären Sie im Nu durch einen Computer ersetzbar. Es ist gerade die persönliche Note, der persönliche Kontakt, den jeder Zuhörer und Lernende für lebendiges Lernen und für einen lebendigen Austausch braucht und letztlich auch sucht.

Die persönliche Note

Das Gegenstück zu diesem Muster ist die übertrieben fröhliche oder freundliche Stimme, die permanent (wie gruselig!) lächelt. Sie ist eher überartikuliert und DEUT-LICH, denn ihr Besitzer will bloß nicht in den Verdacht geraten, bei ihm oder ihr handele es sich um eine ganz normale Person mit einer ganz normalen Schüchternheit. Sie kennen diese falsche Lebendigkeit beispielsweise aus Werbung und Politik oder von Clubbossen, die morgen den Trainer entlassen werden, dem sie heute noch den Rücken stärken. Auch dieses Verhalten ist letztlich der Versuch, sich selbst zu maskieren.

Das Grauen übertriebener Fröhlichkeit

55

Die Erlaubnis,
Fehler zu machen

Die Erlaubnis dagegen, Fehler zu machen, beinhaltet die Bereit-schaft, Verantwortung für eigene Fehler zu übernehmen. Haben Sie diese Bereitschaft, werden Sie beweglich. Bewegen Sie sich, machen Sie Fehler, lernen daraus und verbessern Ihre Handlung durch Ihr Tun. Je mehr Sie tun, desto lebendiger werden Sie – und desto weniger Fehler unterlaufen Ihnen.

Ein ganz normaler
Lernprozess

Es geht also um ganz normale Lernprozesse. Das klingt nicht nur gut, das ist auch praktikabel. Die Übungen zur Beweglichkeit der Stimme bringen Sie dafür auf spannende Abwege.

Ziel: Rhythmus, Dynamik, Modulation

Die Beweglichkeit der Stimme ist leicht auch als musikalische Qualität zu erfassen: Rhythmus, Dynamik und Tonhöhenbewe-gung spielen hier eine Rolle. Daher kann auch für diesen Aspekt des Sprechens der Umweg über das Singen nützlich sein.

> **Die Stimme ist so lebendig, wie Sie selbst es sich erlauben zu sein.**

Im Kapitel „*Übungen zum Stimmkompass*" finden Sie folgende Übungen zur Beweglichkeit:
- Text als Lied
- Vogelstand
- Seufzen

3.5 Verständlichkeit

Die Zahnarzt-
technik

Verständlichkeit ist eine Stimmeigenschaft, die scheinbar nicht weiter erklärt werden muss – es geht um eine klare Aussprache, die das Verstehen der Inhalte erleichtert. Im Vordergrund ver-ständlichen Sprechens steht weniger die emotionale Färbung, also weniger das „Wie", als vielmehr das „Was". Verständlichkeit scheint recht einfach erreichbar zu sein, denn alles wird gut bei Befolgung eines Mottos, das auch aus Zahnarztpraxen wohl-bekannt ist: „Jetzt machen wir mal schön den Mund auf ..."

Artikulation ist der Bereich der Stimme, der am schnellsten zu verändern ist („Mund auf!", „Nicht mundfaul sein!"). Artikulation als isoliertes Phänomen zu trainieren birgt aber die Gefahr, die anderen drei Aspekte des Stimmkompasses zu kippen. Der schnelle Erfolg wird meist mit erhöhter Kontrolle, schneller Ermüdbarkeit und dem Beigeschmack des Gestelzten, Unechten erkauft. Das zeigt sich deutlich bei Sprechern, die wirklich *alles* dafür tun, DEUT-LICH ZU ARRR-TIII-KU-LIIIIEREN.

Lauernde Gefahren

Wenn Deutlichkeit oder Klarheit so sehr zu ungunsten von Wärme und Weichheit geht, dann ist gute Artikulation plötzlich kein Mittel mehr zum Zweck, sondern Selbstzweck. Sie steht im Vordergrund – und verfehlt damit ihre Absicht. Die Übungen zur Artikulation haben daher in diesem Buch einen besonderen Fokus auf Genuss …

Artikulation ist kein Selbstzweck

Die Artikulation (der Konsonanten) ist aber nur ein Aspekt dessen, was die Verständlichkeit eines Sprechers ausmacht. Der zweite ist die Klarheit der Vokale. Diese lässt sich leicht durch manuelle und elektrische Verstärkung wahrnehmbar machen – und verstärkt sich dann von selbst (siehe Kapitel *Hintergründe*).

Klarheit der Vokale

Ziel: Lustvolle Technik

Auf körperlicher Ebene ist es wichtig, die Artikulationsbewegung als verbunden mit dem ganzen Körper zu erfahren, als lustvollen Teil des Selbst. Eine genussvolle statt einer bloß technischen Artikulation ist für Sprecher wie Hörer besser verdaulich.

Genuss statt bloßer Technik

Ziel: Die Helligkeit des Klangs

Auf klanglicher Ebene ist eine Hinwendung zum höheren Klangspektrum für die Entwicklung von stimmlicher Klarheit entscheidend.

Verständlichkeit besteht aus den Aspekten *Artikulation* und *Helligkeit*.

57

3. Der Stimmkompass

Im Kapitel „*Übungen zum Stimmkompass*" finden Sie folgende Übungen zur Beweglichkeit:
- Hände
- Das Vokalkästchen
- Stimmlos ohne Atem
- Buchstabensuppe

Im interaktiven Stimmtraining auf der CD finden Sie die beiden Übungen
- Vokalausgleich sowie
- Klarheit durch Klangkontakt.

4. Übungen zum Stimmkompass

Entsprechend der Reihenfolge, in der sie im Kapitel „*Stimm-kompass*" beschrieben sind, finden Sie in diesem Kapitel die Übungen zu den vier Stimmeigenschaften

- Tragfähigkeit,
- Wärme,
- Beweglichkeit und
- Verständlichkeit.

Wählen Sie sich Übungen zu denjenigen Themen, die für Sie gegenwärtig am vordringlichsten oder am interessantesten sind. Oder seien Sie einfach neugierig und probieren Sie aus, was Ihnen spannend erscheint …

Jede Übung besteht aus drei Teilen: **Dreiteilige Struktur**
1. Im *ersten* Teil testen und erfahren Sie Ihr gewohntes Muster im Umgang mit dem jeweiligen Aspekt der Stimme. Hier geht es darum, sensorische Informationen zu sammeln.
2. Im *zweiten* Teil bekommen Sie eine Aufgabe. Sie ist das Kernstück der Übung.
3. Im *dritten* Teil kehren Sie zur Ausgangsfrage zurück und beobachten die Veränderungen, die sich durch die Bearbeitung der Aufgabe in Teil 2 ergeben haben.

4.1 Übungen zur Tragfähigkeit

Übung 1: Die Papprolle
Für diese Übung benötigen Sie eine Papprolle – eine aufge- **Hilfsmittel** brauchte Klorolle etwa. Sie können auch ein Plastikrohr nutzen, **besorgen** wie es für wenig Geld im Baumarkt erworben werden kann. Der Durchmesser des Rohres sollte in etwa dem einer Klorolle entsprechen.

Wenn Sie allein arbeiten, stellen Sie sich ein Gegenüber vor; in der Gruppe ist ein Partner hilfreich. Im Folgenden unterscheide ich in der Beschreibung nicht zwischen vorgestelltem und tatsächlichem Gegenüber.

Erster Teil: Bestandsaufnahme

Kleiner Abstand — Das Gegenüber ist auf Armlänge von Ihnen entfernt. Erzählen Sie ihm etwas. Sie könnten den Raum, in dem Sie sich gerade befinden, beschreiben oder Ihre Pläne für das Wochenende. Wählen Sie ein Thema, über das Sie nicht groß nachdenken müssen. Sagen Sie ein paar Sätze, und machen Sie dann eine Pause.

Einige Fragen — Vielleicht hilft Ihnen das Schließen der Augen, sich Ihrer Körperempfindungen deutlicher bewusst zu werden. Schließen Sie also gegebenenfalls die Augen, und spüren Sie im Körper nach:

- Wie war der Aufwand für das Sprechen? Klein, groß, mittel?
- Glauben Sie, dass Ihr Gegenüber Sie verstehen konnte?
- Wie klang Ihre Stimme?
- War sie für Ihre Verhältnisse eher dunkel oder hell? Eher tief oder hoch? Mittel?

Mittlerer Abstand — Öffnen Sie die Augen wieder. Ihr Gegenüber befindet sich nun drei Meter von Ihnen entfernt. Sprechen Sie wiederum zu ihm, sagen Sie ein paar Sätze.

Wahrnehmung der Unterschiede — Schließen Sie anschließend die Augen und gehen Sie folgenden Fragen nach:

- Was war in Ihrem Sprechen bei vergrößerter Entfernung anders als beim ersten Mal?
- Welche Bereiche im Körper fühlen sich – falls sie das tun – anders an?
- Wie war der Aufwand für das Sprechen? Klein, groß, mittel?
- Hat sich der Klang der Stimme verändert?

Keine Antwort ist auch eine Antwort — Wenn Sie im Moment nicht zu allen Fragen Antworten finden, ist das in Ordnung. Sie können immer nur mit dem arbeiten, was Sie wahrnehmen, und im Laufe dieser Beschäftigung erweitert sich das Spektrum von allein. Haben Sie auf eine Frage bloß als Antwort: „Keine Ahnung!", dann ist das auch eine Information. Im Verlauf dieser Übung werden Sie sicher Antworten finden.

Öffnen Sie die Augen wieder. Ihr Gegenüber steht nun zehn Meter von Ihnen entfernt. Sprechen Sie zu ihm.

Mittelgroßer Abstand

- Macht der größere Abstand einen Unterschied im Aufwand für das Sprechen?
- Nehmen Sie einen Unterschied im Körpergefühl wahr?
- Nehmen Sie einen Unterschied im Stimmklang wahr?
- Nehmen Sie einen Unterschied in der Tonhöhe wahr?

Benennen der Unterschiede

Ihr Gegenüber steht nun hundert Meter von Ihnen entfernt. Sie wollen ihn oder sie stimmlich erreichen. Sprechen Sie ein paar Sätze, und machen Sie dann eine kurze Pause.

Großer Abstand

Beobachten Sie die Veränderungen
- im Körpergefühl,
- im Stimmklang,
- in der Lautstärke,
- in der Tonhöhe sowie
- im Kraftaufwand.

Abschließendes Bild

Machen Sie nun eine Pause. Sie können sich dafür hinsetzen oder hinlegen. Beobachten Sie, wie viel mehr Sie jetzt insgesamt von sich selbst wahrnehmen können. Welche Bereiche sind besonders präsent und drängen sich in den Vordergrund?

Zweiter Teil: Übungsimpuls
Nehmen Sie die Papprolle bzw. das Rohr und halten Sie dieses so vor den Mund, dass Sie hinein- bzw. hindurchsprechen können. Sagen Sie ein paar Sätze. Verschließen Sie dabei immer wieder für kurze Zeit das Rohr vorn mit der anderen Hand. Beobachten Sie, was passiert.

Die Rohröffnung zeitweise verschließen

An den Mundwinkeln soll keine Luft entweichen. Um das zu bewerkstelligen, umfassen Sie die Rolle mit der Hand in etwa wie auf dem Bild gezeigt. Die rechte Hand sorgt für einen guten Verschluss.

Mundwinkel dicht

61

Langgezogenes Machen Sie eine Pause. Singen Sie jetzt einen bequemen Ton –
„oo" also nicht zu hoch und nicht zu tief, sondern in bequemer
Mittellage – auf dem Vokal „o", wie in „Boot".

Spiel mit der Halten Sie sich dann, während Sie weiterhin „oo" singen, die
Öffnung Rolle vor den Mund. Verschließen Sie das Rohr wechselweise mit
der freien Hand.

Beobachten Sie, was passiert. Bleibt der Ton aus? Wenn ja, warum? Weil die Hand vorn am Rohr den Luftdurchfluss verhindert? Oder geht der Ton unbehindert weiter?

Sollte Ihr „oo" bei vorn verschlossener Rolle aufhören, legen Sie die Rolle einen Moment weg. Summen Sie statt des „oo" den Ton. Werden Sie sich klar darüber, dass auch in diesem Fall – bei einem gesummten Ton – keine Luft aus dem Mund entweichen kann ... und trotzdem können Sie einen Ton hervorbringen. **Keine Luft durch den Mund**

Befeuchten Sie nun einen Finger. Halten Sie ihn (wie beim Grillen, um die Windrichtung zu ermitteln) unter die Nase, und summen Sie dabei. Beobachten Sie, was Sie am Finger spüren können, während Sie mit geschlossenem Mund summen. Können Sie die Luft wahrnehmen, die durch die Nase ausströmt? Sie ist der Grund dafür, dass Sie mit geschlossenem Mund – also beim Summen – einen Ton erzeugen können, obwohl keine Luft durch den Mund austritt. **Luftweg Nase**

Die Lippen könnte man als Ventil betrachten. Sind sie geschlossen, muss ein anderes „Ventil" auf sein, damit Luft ausströmen und ein Klang entstehen kann. Dieses andere „Ventil" ist die Nase.

Nehmen Sie nun noch einmal die Rolle vor den Mund. Setzen Sie diese wieder so auf, dass der Mund umschlossen wird. Singen Sie ein „oo" hinein. Schließen Sie dabei wechselweise die Lippen. Beobachten Sie, dass Sie bei geschlossenen Lippen immer noch weiter summen können. **Die Lippen schließen**

Ersetzen Sie jetzt die Arbeit der Lippen (das Verschließen und Öffnen) durch Ihre Hand, die das Rohr vorne wechselweise verschließt und öffnet. Lassen Sie sich ein paar Töne Zeit dafür, den Weg zu finden, auch bei verschlossenem Rohr weiterhin zu singen. Das Summen hat gezeigt, dass Sie es eigentlich schon können – nur haben Sie es in diesem Kontext (nämlich mit zugleich geöffneten Lippen) noch nicht angewendet. Probieren Sie es selbst! **Das Rohr verschließen**

Beobachten Sie also, dass weiterhin Luft durch die Nase ausströmen kann, wenn Sie das Rohr vorn mit der Hand ver- **Mund und Nase** schließen. Sie werden damit unabhängig von diesem „Ventil" (Mundöffnung), indem Sie ein zweites (Nase) konstant offen lassen. Dies können Sie, wenn Sie diese Übung abgeschlossen haben, später einzeln weiter üben. Dieses Spiel bietet sich auch als Vorbereitung vor einer Rede, einem Telefonat oder am Morgen – gewissermaßen als Aufwärmübung – an.

Lauter werden
Gelingt es Ihnen, sowohl bei offener als auch bei von Hand verschlossener Rolle „oo" zu singen, also den Luftweg durch die Nase immer frei zu halten? Dann werden Sie jetzt – bei abgedichteter Rolle – einmal absichtlich lauter mit dem Ton. Wie laut können Sie werden, ohne sich anzustrengen? Werden Sie ein paarmal lauter, und pausieren dann kurz. Sie können sich dafür hinsetzen oder hinlegen.

Sprechen mit Luftweg Nase
Als Letztes sprechen Sie durch die Rolle. Werden Sie bei vorn verschlossener Rolle lauter im Sprechen. Dafür muss Luft durch die Nase ausströmen können! So lange, wie Luft durch die Nase fließt, ist die Kontinuität im Sprechen davon unabhängig, ob die Rolle vorn verschlossen oder offen ist. Beobachten Sie die Rückwirkung auf den Oberkörper, den Bauch und die Rippen, wenn Sie im Lauterwerden weiterhin Luft durch die Nase ablassen können. Machen Sie anschließend wieder eine Pause.

Dritter Teil: Wahrnehmung der Unterschiede

Aufwand und Ergebnis
Sprechen Sie zu Ihrem Gegenüber in den unterschiedlichen Abständen wie zu Anfang, und beobachten Sie dabei den Aufwand, den das Sprechen *jetzt* verursacht. Beobachten Sie auch die Stimmqualität (dunkel, hell, voll, räumlich), und vergleichen Sie dieses Klang- und Körperbild mit den Eindrücken, die Sie im ersten Teil gewonnen haben. Was hat sich verändert? Wie ist das Verhältnis von Aufwand und Ergebnis jetzt?

In der Gruppenarbeit geschieht es oft, dass die Beobachter den Zuwachs an Stimmvolumen sehr deutlich bemerken, während der Sprecher selbst eher das Gefühl hat, dass das Sprechen jetzt zwar angenehmer, aber nicht unbedingt lauter ist. Das liegt daran, dass viele Menschen etwas verwechseln: Dass sie etwas Großartiges leisten, machen viele daran fest, dass die Leistung mit besonderen Anstrengungen verbunden ist. Fehlt hingegen die Anstrengung, haben sie das Gefühl, nichts Besonderes zu tun. Gerade die Selbstverständlichkeit im Tun ist aber ein Zeichen für wirkliche Leistungsfähigkeit.

Unter *Luftstrom und Stimmlippen* im Kapitel *Hintergründe* werden die Zusammenhänge, die dieser Übung zugrunde liegen, ausgeleuchtet. Sie finden dort auch eine Zeichnung der anatomischen Verhältnisse, auf die diese Übung abzielt.

Übung 2: Erweiterung der Papprolle

Bespannen Sie die Rolle aus der vorigen Übung an einem Ende mit einem Stück knisternder Plastiktüte. Sie benötigen dafür ein Material, das ähnlich wie Pergamentpapier knistert. Es darf kein zu weicher Kunststoff sein, wie dies etwa bei einer Frischhaltefolie der Fall ist. Gut geeignet ist ein Fetzen vom Gelben Sack und ein Gummiband. Auf dem Bild sehen Sie ein mustergültiges Exemplar.

Rolle mit Plastikfolie

Membran zum Schwingen bringen Wenn Sie in diese Rolle hineinsingen oder -sprechen, kann natürlich keine Luft mehr durch die Rolle austreten. Bis zu diesem Punkt ähnelt der Vorgang dem Summen. Nun soll aber nicht die gesamte Luft durch die Nase strömen, sondern – bei geöffneten Lippen – noch genügend Luft an die Membran kommen, welche die gespannte Plastiktüte bildet. Die Membran beginnt zu schwingen. Probieren Sie es aus.

Mundwinkel abdichten Singen Sie einen Ton. Halten Sie sich die Rolle vor den Mund, und singen Sie den Ton hinein. Beobachten Sie, ob der Klang die Membran erreicht. Werden Sie etwas lauter. An den Mundwinkeln soll keine Luft entweichen. Um das zu bewerkstelligen, umfassen Sie die Rolle mit der Hand etwa so, wie dies auf dem Bild in der Übung *Die Papprolle* dargestellt ist. Die Hand sorgt für einen guten Verschluss.

Laut werden Singen Sie jetzt noch einmal in das Rohr hinein, und werden Sie laut. Ist Ihnen die Membran vorne weggeflogen? Das ist einerseits gut – weil dann wirklich keine Luft mehr an den Mundwinkeln vorbeigezogen ist. Was aber bedeutet das andererseits für den Luftweg durch die Nase? Genau! Sorgen Sie also dafür, dass weiterhin sowohl Luft durch die Nase austreten als auch bis an die Membran gelangen kann.

Die Aufforderung, laut zu werden, war natürlich gemein – denn beim Lauterwerden ist es ziemlich wahrscheinlich, dass der weiche Gaumen verschließt und somit keine Luft mehr durch die Nase strömen kann. Dieses Verschließen ist ein Resultat vergrößerten Aufwands.

Leichter lauter werden Die Pappkonstruktion kann Ihnen dabei helfen, leichter lauter zu werden. Dafür muss Luft durch die Nase gehen und zugleich die Membran vorne mitschwingen. Das klingt wie das Sirren und Brummen einer Fliege oder einer Biene. Wenn Sie einen Klang gefunden haben, bei dem das der Fall ist,

- verändern Sie die Tonhöhe;
- verändern Sie den Vokal;
- werden Sie lauter;
- werden Sie leiser.

Beobachten Sie, wann die Membran vorne stärker mitschwingt. **Perspektive**
Ideal wäre es, wenn Sie in der Lage wären, bei jeder Lautstärke **der Übung**
(also auch bei leisen Tönen), bei allen Tonhöhen und bei allen
Vokalen die Membran vorne mitschwingen zu lassen. Das ist ein
mittelfristiges Ziel dieser Übung.

Mit dem *Spectrograph* können Sie per Computer beobachten,
dass das Mitschwingen der Membran ein breites Frequenzband
gerade in den höheren Bereichen erzeugt. Das Vorhandensein
dieser Bereiche bedeutet auf akustischer Ebene Tragfähigkeit.

→ Ergänzende und vertiefende Hinweise finden Sie in der
Übung *Tragfähigkeit der Stimme* auf der CD sowie im Abschnitt *Der Klang und seine Teile* im Kapitel *Hintergründe*.

Übung 3: Kraftverteilung
Für diese Übung benötigen Sie ein Stück freie Wand. Im Laufe
der Übung werden Sie lernen, den Kraftaufwand besser im
ganzen Körper zu verteilen.

Erster Teil: Bestandsaufnahme

Beginnen Sie mit der Bestandsaufnahme, wie sie in der Übung
Die Papprolle auf den Seiten 60 und 61 beschrieben wurde.

Machen Sie danach eine kurze Pause. Schauen Sie aus dem
Fenster, zählen Sie bis 64, oder erinnern Sie sich an das schönste
Erlebnis der letzten Woche …

Zweiter Teil: Übungsimpuls
Beobachten Sie nun, ohne etwas daran zu ändern, Ihren Körper **Innere**
im Stehen. Nicht mit einem Spiegel, sondern mit Konzentration **Wahrnehmung**
auf das, was Sie körperlich von sich selbst wahrnehmen können. **des Stehens**
Wie viel von Ihrem Körper können Sie im Stehen fühlen? Welche
Teile weniger? Wo können Sie die Atembewegung wahrnehmen?

Versuchen Sie nun, die Wand wegzuschieben (sollten Sie's **Das Unmögliche**
schaffen, laden Sie den Nachbarn auf einen Kaffee ein). Setzen **wagen**
Sie Ihren Versuch mehrmals an und wieder ab.

Die Kraft immer langsamer auf- und abbauen Bauen Sie die Kraft, mit der Sie gegen die Wand drücken, mit jedem Mal langsamer auf, und bauen Sie die Kraft auch mit jedem Mal langsamer ab.

Veränderte Wahrnehmung Machen Sie nach einigen Wiederholungen eine Pause und beobachten Sie, wie sich die Wahrnehmung Ihres Körpers im Vergleich zum Beginn der Übung verändert hat. Welche Teile können Sie jetzt deutlicher spüren?

Beginnen Sie nun noch einmal mit dem unsinnigen Versuch, die Wand wegzuschieben. Beobachten Sie dabei die Linie der Kraft durch den Körper: **Die Linie der Kraft durch den Körper**

- Die *Hand* ist derjenige Körperteil, über den Sie effektiv auf die Wand einwirken.
- Der *Unterarm* überträgt Ihre Körperkraft auf die Hand, der *Oberarm* auf den Unterarm. Probieren Sie einmal aus, wie es ist, wenn Sie den *Ellbogen,* die Verbindung von Ober- zu Unterarm, ziemlich weit einknicken (beugen). Wie viel Kraft können Sie nun gegen die Wand bringen? Und fällt Ihnen das leichter oder schwerer? Im Kontrast dazu strecken Sie nun den Arm. Wie müssen Unter- und Oberarm zueinander organisiert sein, um mit dem geringsten Aufwand den größten Druck gegen die Wand aufbauen zu können? Machen Sie nun eine kurze Pause. **Der Arm**
- Beobachten Sie jetzt Ihren *Rücken* beim Stemmen der Hand gegen die Wand. Rundet oder streckt sich der Rücken bei dem Versuch, die Wand wegzuschieben? **Der Rücken**
- Beobachten Sie nun die *Beine:* Stehen beide Füße parallel, oder haben Sie ein Bein weiter nach hinten genommen, um die Wand wegzudrücken? Probieren Sie beides einmal aus. Auf welche Art können Sie den Druck effektiver aufbauen? **Die Beine**

Machen Sie nun eine Pause, und beobachten Sie Ihren Stand. Wie stabil oder groß fühlen Sie sich jetzt? Welche Teile Ihres Körpers können Sie jetzt wahrnehmen, die Sie vorher nicht oder nicht so deutlich wahrnehmen konnten? **Unterschiede wahrnehmen**

Haben Sie bei Ihren Versuchen bemerkt, dass die Linie der Kraft diagonal durch den Körper verläuft? Probieren Sie es noch einmal aus: Wenn Sie sehr viel Druck aufbauen wollen, dann geht der meiste davon letztlich über eine der beiden Hände. Welcher Fuß stemmt sich dann am stärksten vom Boden weg? Ist es der Fuß auf derselben Körperhälfte oder der auf der anderen? Wie ist es bei Ihnen, wenn Sie es jetzt noch einmal tun? **Diagonale Kraftlinie**

Nehmen Sie dann das rechte Bein weiter nach hinten als das linke (vielleicht haben Sie das auch schon vorher so gemacht) und legen Sie nur die rechte Hand an die Wand. Bauen Sie Druck

69

auf. Lösen Sie den Druck wieder. Wechseln Sie die Hand, nicht aber das Bein. Bauen Sie Druck auf. Vergleichen Sie die beiden Arten des Schiebens.

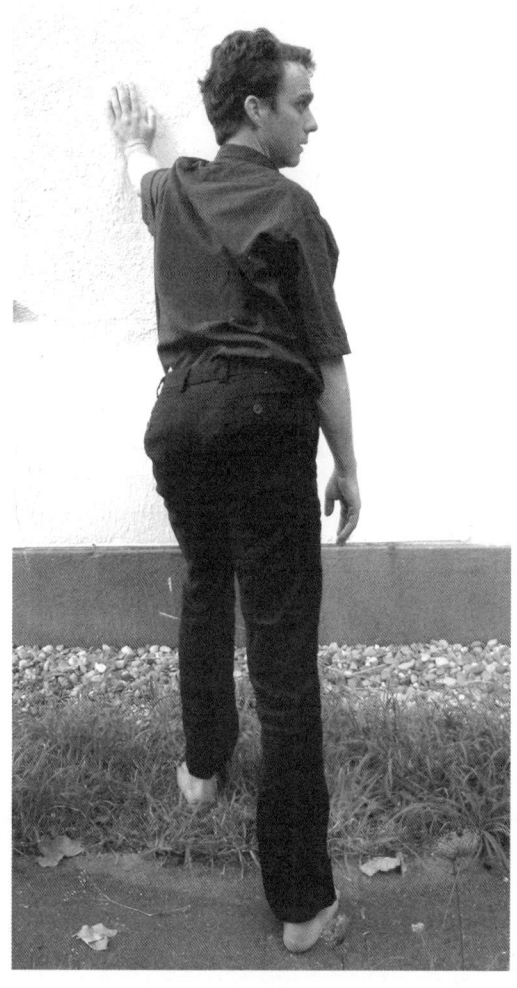

Stabilität durch Diagonale Wenn die Kraftlinie nicht diagonal verläuft, also nicht von der linken Hand über den Oberkörper zum rechten Bein und Fuß (bei der rechten Hand an der Wand entsprechend umgekehrt), dann ist der ganze Oberkörper recht instabil – er lässt sich leicht drehen, selbst wenn Sie Druck aufgebaut haben. Stabiler wird das Ganze nur in der Diagonalen. Gehen Sie der Frage der größten Stabilität beim weiteren Üben nach.

Beobachten Sie nun abschließend mit geschlossenen Augen Ihren Stand. Können Sie die Kraftlinie noch im Körper spüren? Einen Teil dieser ganzen Strecke? Was hat sich sonst noch im Stehen verändert?

Abschließendes Bild

Dritter Teil: Wahrnehmung der Unterschiede

Gehen Sie jetzt erneut die Schritte der anfänglichen Bestandsaufahme durch, und sprechen Sie zu Ihrem Gegenüber einige Sätze. Probieren Sie aus, wie das Lauterwerden jetzt funktioniert. Beobachten Sie die Unterschiede im Vergleich zum Beginn:

- Ist es leichter?
- Werden Sie lauter?
- Wie ist der Kraftaufwand jetzt?

Es ist für Gruppen spannend zu beobachten, dass der Sprecher nach dieser Übung oft das Gefühl hat, weniger laut zu sein, weil sich das Lauterwerden wesentlich einfacher anfühlt. Er misst dann vor allem den reduzierten Aufwand bzw. die verbesserte Verteilung des Aufwandes an Kraft im Körper, die ihm das Gefühl gibt, weniger zu tun, sich weniger anzustrengen. Dieses Gefühl sagt aber nichts darüber aus, was dabei letztlich an Klang herauskommt – nämlich mehr!

Weniger Aufwand, mehr Klang

Effizienz ist eine Frage der Verteilung der Kraft im Körper und nicht eine Frage der gefühlten Anstrengung.

Ähnliches passiert auch in anderen Kontexten: Viele Menschen verknüpfen die Anstrengung mit dem Ergebnis – wo sie sich nicht anstrengen, da kann, nein, da darf ja gar nichts dabei herauskommen. Beachten Sie deshalb stets den Unterschied zwischen Aufwand und Ergebnis! Erspüren Sie nun noch einmal bei sich selbst das Gefühl für den Aufwand, den das Sprechen fordert, und den im Raum resultierenden Klang.

Mit immer weniger Kraft
Wenn Sie diese Übung häufiger wiederholen, dann sollten Sie darauf hinarbeiten, den Druck gegen die Wand immer kleiner werden zu lassen. Je kleiner der Druck, desto mehr Informationen bekommen Sie. Dabei werden Sie auch die Füße immer näher an die Wand nehmen. Dazu ein Vergleich: Wenn Sie ein Auto anschieben wollen, dann liegt der Körper ziemlich schräg im Raum, die Füße sind sehr weit hinter dem Becken, der Kopf ist sehr weit vor dem Becken. Gemein, wenn das Auto dann plötzlich schneller rollt, als man drückt – dann fällt man nämlich auf die Nase.

Neuorganisation des Stehens
Die Aufgabe des Schiebens ist, Sie zu zwingen, sich neu bzw. besser zu organisieren. Diese verbesserte gesamtkörperliche Organisation schafft einen besseren Rahmen, innerhalb dessen die Stimme arbeitet. Der Stimme ist also mehr möglich, obwohl Sie ja gar nicht primär oder direkt an der Stimme gearbeitet haben.

➥ Ergänzende und vertiefende Hinweise finden Sie im Kapitel *Stehen und Standing* sowie im Kapitel *Hintergründe.*

4.2 Übungen zur Wärme

Übung 1: Sitzen, liegen

Echter oder vorgestellter Partner
Die Übung *Sitzen, liegen* ist sowohl für die Einzelarbeit als auch für die Partner- und Gruppenarbeit geeignet. Im Folgenden beschreibe ich die Übung mit einem imaginären Partner. Äußerst spannend ist die Übung natürlich auch mit einem tatsächlichen Partner.

Erster Teil: Bestandsaufnahme

Persönliche Erzählung
Beginnen Sie im Sitzen oder im Stehen. Sprechen Sie zu einem vorgestellten Gegenüber. Erzählen Sie ihm von sich selbst. Es kann etwas ganz Alltägliches sein, sollte aber Sie selbst betreffen, nicht etwa die Nachrichten, Fußball oder Börsenergebnisse. Sie könnten von einem Spaziergang oder von einer Reise erzählen, von einem persönlichen Wunsch sprechen oder einen Traum wiedergeben.

Machen Sie dann eine Pause. Schließen Sie die Augen, und be- **Einige Fragen**
obachten Sie in der Erinnerung das eben Gesprochene:

- Wie haben Sie sich beim Sprechen gefühlt?
- War der Sprechfluss eher schnell oder eher langsam?
- Haben Sie die Stimme eher als tief oder eher als hoch emp-
  funden?
- War Ihre Stimme eher weich oder eher hart?
- War Ihre Stimme eher distanziert oder eher nah?

Das Bild des Anfangszustandes ist der Bezugspunkt für nachher. **Bezugspunkt**
Lassen Sie sich für die Beantwortung jeder Frage Zeit. Machen **schaffen**
Sie sich mit Ihren eigenen Begriffen ein Bild davon, wie Sie Ihre
Stimme und Ihr Sprechen wahrgenommen haben. Sie müssen
nicht zu allen genannten Fragen Antworten haben; das Bild darf
weiße Flecken enthalten.

Zweiter Teil: Übungsimpuls
Der Körper muss sich permanent neu zur Schwerkraft ausrichten.
Die Qualität dieser grundlegenden Funktion gibt den Rahmen
für die Möglichkeiten der Stimme vor. In dieser Übung erfahren
Sie die Wirkung der Lage auf Ihre Stimme.

→ Im Kapitel *Stehen und Standing* finden Sie mehr dazu. Für die
  Beweglichkeit der Stimme wird ein anderer Aspekt desselben
  Themas in der Übung *Vogelstand* nutzbar gemacht.

Legen Sie sich nun auf den Rücken, und machen Sie es sich im **Den Kopf rollen**
Liegen bequem. Rollen Sie den Kopf langsam nach rechts und
nach links. Machen Sie eine langsame Bewegung, und bleiben
Sie in dem Radius, in welchem Sie den Kopf mühelos rollen
können.

Schließen Sie dann die Augen. Rollen Sie den Kopf weiter mit **Mit geschlossenen**
geschlossenen Augen langsam und in einem ganz bequemen **Augen rollen**
Radius hin und her.

Verlangsamen Sie dann die Geschwindigkeit des Rollens. Wer- **Die Bewegung**
den Sie halb so schnell wie zu Anfang. Bewegen Sie den Kopf so **verlangsamen**
fünf Mal hin und her.

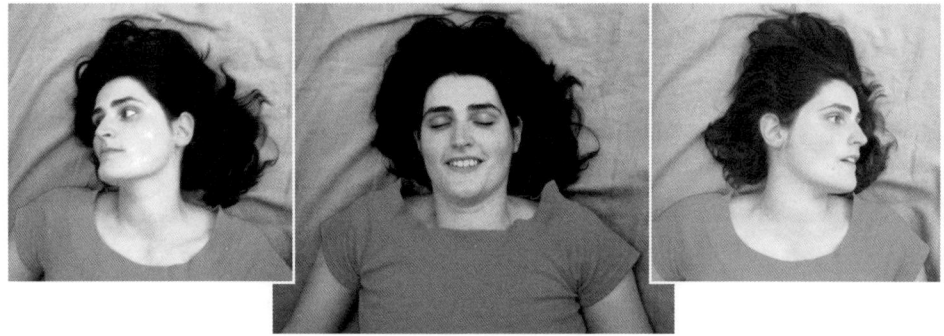

Weiter verlangsamen	Wenn Sie das können, verlangsamen Sie die Bewegung noch einmal um die Hälfte. Rollen Sie den Kopf in dieser zweimal halbierten Geschwindigkeit.
Den Kopf ruhen lassen	Lassen Sie den Kopf dann ruhen. Beobachten Sie die Wirkung, die das verlangsamende Rollen des Kopfes auf den gesamten Körper hat.
Die Erzählung wieder aufnehmen	Machen Sie nun – im Liegen – das Gleiche wie im ersten Teil. Setzen Sie Ihre persönliche Erzählung fort, oder beginnen Sie eine neue. Es kommt hierbei weniger auf den genauen Inhalt der Erzählung an als vielmehr darauf, während des Sprechens nah an dem ruhigen Zustand zu bleiben, zu dem Sie das Rollen des Kopfes gebracht hat.
Der Unterschiede gewahr werden	Machen Sie dann eine Pause, und spüren Sie dem eben Gesprochenen nach. Machen Sie sich die Unterschiede im Sprechen und in der Stimme im Vergleich zum ersten Durchgang im Sitzen klar:

- Wie klang Ihre Stimme jetzt? Heller oder dunkler?
- War sie weicher als zu Beginn der Übung im Sitzen?
- Hatten Sie mehr oder weniger Luft in der Stimme?
- Wie war der Sprechfluss?
- Und wie die Sprechgeschwindigkeit?

Zugleich Sprechen und Wahrnehmen	Sprechen Sie dann noch einmal im Liegen, und versuchen Sie, diese Unterschiede im Sprechen selbst zu beobachten. Es ist da-

bei nicht wichtig, dass Sie jedes kleinste Atmen und jeden einzelnen Buchstaben auf das Genaueste wahrnehmen. Nehmen
Sie sich nur vor, auf die Unterschiede zu achten, und beobachten
Sie dabei, wie gut Ihnen das gelingt. Machen Sie anschließend
eine kurze Pause.

Dritter Teil: Wahrnehmung der Unterschiede

Setzen Sie sich noch einmal ähnlich wie zu Beginn der Übung   **Sprechen Sie**
im ersten Teil. Sprechen Sie zu einem vorgestellten Gegenüber   **erneut**
über ein persönliches Thema, und beobachten Sie, wie sich
Stimme und Sprechfluss jetzt anhören und anfühlen.

Im Liegen kann der Körper am besten loslassen, denn Liegen   **Aufwand kontra**
bedeutet, sicher zu sein. Das Gefühl der Sicherheit macht es   **Weichheit**
einfacher, sich nahe zu kommen. Umgekehrt bedeutet das, dass
der erhöhte Aufwand im Stehen sich leicht auf den Aufwand
für das Sprechen auswirkt. Aufwand im Sinne von Anstrengung aber verunmöglicht Weichheit, Ruhe und Nähe. Lernen
Sie vermittels des Liegens die Anspannung für das Sprechen zu
reduzieren.

Position und Lage wirken auf Körper und Stimme.

Wenn Sie weiter mit dieser Übung arbeiten, dann beginnen Sie   **Perspektive**
zu beobachten, wie viel von der Wirkung des Liegens im Sitzen   **der Übung**
und im Stehen einerseits verloren geht, und wie viel Sie andererseits davon auch in die anderen Positionen mitnehmen können
– mit jedem Mal ein bisschen mehr …

Übung 2: Hauch

In dieser Übung geht es darum, das Luft-Klang-Verhältnis re-   **Das Luft-Klang-**
gulieren zu lernen. Dieses Verhältnis verändert sich in nahen   **Verhältnis**
Momenten immer zugunsten der Luft: Die Stimme wird dabei
hauchig und weicher.

→ Unter *Luftstrom und Stimmlippen* finden Sie dazu im Kapitel
  Hintergründe vertiefende Informationen.

Luft schafft Nähe Im Film und bei elektronisch verstärkter Musik wird die hauchige, weiche Stimme ganz gezielt eingesetzt: Ein Popsänger beispielsweise geht für bedeutsame, leise, „intime" Momente sehr dicht ans Mikrofon, singt sehr, sehr leise und mit viel Luft – das klingt, als säusele er dem Hörer direkt ins Ohr. Und wer darf das schon? Wen lassen Sie so nah an sich heran? Eigentlich nur eine vertraute Person. In der Popmusik wird durch die Technik der sehr leise und intime Klang vielfach verstärkt – schließlich will ja jeder dem Star nahe sein!

Deutlich wird die Rolle des Hauchs für Nähe auch im Kontrast – zum Beispiel im Unterschied zum Brüllen. Hier ist das Luft-Klang-Verhältnis eindeutig und mit Nachdruck zuungunsten der Luft entschieden. Das muss nicht gesund sein!

Ein „luftiger" Klang kann letztlich nicht so laut werden wie einer ohne Luft. Ob das wahr ist, hängt zwar noch stark vom jeweiligen Muster ab. Die Aussage kann aber als Richtung gelten.

Leisigkeit und Nähe Weil mehr Luft im Klang tendenziell auch „leiser" bedeutet, ist sie auch von daher eher mit Nähe verbunden – Sie müssen ja nah genug sein, um den Klang zu hören. Luft im Klang zu erlauben ist also immer ein Zeichen für mehr Nähe.

Primär- und Sekundärebene Diese Übung ist darüber hinaus ein Spiel mit der Primär- und der Sekundärebene und stellt eine grundlegende Fähigkeit der Stimme dar.

→ Mehr zum Thema *Primär- und Sekundärebene* erfahren Sie im Kapitel *Hintergründe*.

Erster Teil: Bestandsaufnahme
Der erste Teil entspricht dem der Übung *Sitzen, liegen,* wie er auf den Seiten 72 und 73 beschrieben wurde.

Zweiter Teil: Übungsimpuls
Ton in mittlerer Lage Singen Sie bei geöffnetem Mund einen Ton in mittlerer, bequemer Lage, also nicht zu hoch und nicht zu tief. Der Vokal ist beliebig. Wiederholen Sie den Ton drei Mal.

Setzen Sie jetzt ein „hhh" vor den Ton (also kein „ha", sondern nur das „hhh"). Wiederholen Sie das fünf Mal. Lassen Sie mit jeder Wiederholung das „hhh" länger andauern.

Mit „hhh" beginnen

Achten Sie nun auf den Übergang vom „hhh" zum Vokal. Wie vollzieht sich dieser Übergang? Hören Sie eine Zeit lang „hhh" und dann mit einem Mal den Vokal? Singen Sie es noch ein paarmal, und beobachten Sie, ob es im Moment wie beschrieben (also eher plötzlich) oder anders ist.

Plötzlicher oder langsamer Übergang?

Beginnen Sie dann erneut mit „hhh", lassen Sie den Vokal dazukommen, wechseln Sie ins „hhh", und beenden Sie das Singen mit dem Vokal. Anders gesagt: Singen Sie „hhh" und den Vokal in fließendem Wechsel.

Vokal – hhh – Vokal

hhhhhaaaaaaaahhhhhhhhhhaaaaaaaahhhhhhhhhhaaaaa

Wichtig: Atmen Sie für den Wechsel zwischen Vokal und „hhh" nicht erneut ein, sondern machen Sie die Reihe jeweils mit ein und demselben Ausatmen.

Wenn das geht, dann beobachten Sie wiederum die Art des Wechsels zwischen dem Vokal und dem „hhh": Ist der Übergang eher plötzlich oder eher fließend? Wird er im Verlaufe des Singens fließender?

Art des Übergangs

Als Richtung für das Üben könnte es interessant sein, den Wechsel immer fließender und weicher zu gestalten. Übertragen auf die Hand wäre das die Fähigkeit, mit der Hand nicht nur Karate-Schläge ausführen zu können, sondern auch fließende Bewegungen zu tun. Jemandem, der sich stets abgehackt bewegt, würden Sie zu Recht ein kleines Problem mit der Feinmotorik unterstellen. In der Stimme ist solche wenig differenzierte Bewegung dagegen eher die Norm.

Übergang immer fließender

Leiser Klang, feine Abstimmung
Singen Sie dieselbe Reihe etwas leiser. Dabei können Sie vielleicht beobachten, dass der Wechsel zwischen „hhh" und Vokal wieder eher härter, stufenartiger wird. Der ganze Ablauf ist zwar leiser, aber der Wechsel von einem zum andern wird dadurch nicht unbedingt weicher. Das liegt daran, dass die leisere Stimme eine insgesamt feinere Abstimmung erfordert als ein mittellauter Klang. Ein Übermaß an Spannung, jede Unflexibilität im Schließen der Stimmlippen fällt hier sofort auf.

Stufenartig oder fließend? Tonlos mit Luft
Atmen Sie einmal tonlos aus (also ganz normale Ausatmung). Beginnen Sie das Ausatmen dann noch einmal tonlos, und mischen Sie langsam ein „hhh" in den Luftstrom. Wiederholen Sie das drei Mal. Forcieren Sie für das „hhh" nicht die Ausatmung.

Machen Sie eine Pause.

Tonlos – Hauch – tonlos
Wechseln Sie dann im Ausatmen tonlose Phasen mit hauchigen Phasen ab – ohne erneut einzuatmen. Das ist so ähnlich wie vorhin der Wechsel zwischen Ton und Hauch. Nur ist es jetzt eben ein Wechseln zwischen hörbarem und unhörbarem Ausatmen. Tun Sie auch das drei Mal.

Dasselbe im Einatmen
Machen Sie wieder eine Pause. Atmen Sie dann einmal im Wechsel tonlos und mit Hauch *ein*. Richtig gelesen: im Einatmen!

Im Ein- und Ausatmen
Wenn Ihnen das gut gelingt, dann lassen Sie sowohl im Ein- wie im Ausatmen die Atemluft kurz als Hauch hörbar werden. Hierbei bewegen sich die Stimmlippen jedes Mal ein wenig aufeinander zu, ohne ganz zu schließen. Im Falle des Schließens würde entweder keine Luft mehr fließen oder ein Ton hörbar werden.

Wenn es Ihnen also gelingt, die Stimmlippen nur das Stück von großer Öffnung bis zu relativer Nähe und wieder zurück zu bewegen, trainieren Sie damit die Feinheit der Einstellung. Sie lösen die Stimmlippen aus dem gewohnheitsmäßigen Druck heraus. Dies orientiert die Sekundärfunktion (Sprechen, Klangerzeugung) an der Primärfunktion (Schließen bei Einatmung), was den Kehlkopf effizienter arbeiten lässt.

→ Wenn Sie dazu mehr wissen möchten, finden Sie im Kapitel *Hintergründe* vertiefende Informationen.

Kehren Sie dann noch einmal zu dem Wechsel zwischen Vokal und Hauch zurück, und beobachten Sie, wie gut – also zum Beispiel wie fließend oder wie leise – das jetzt geht.

Zurück zum Beginn

Dritter Teil: Wahrnehmung der Unterschiede

Setzen Sie dann Ihre eingangs begonnene persönliche Erzählung fort. Beobachten Sie, wie sich Ihre Sprechstimme durch die Beschäftigung mit dem Hauch verändert hat:

- Ist sie eher härter oder eher weicher geworden?
- Eher wärmer oder eher kälter?
- Eher spitzer oder eher runder?

Diese Übung trainiert eine grundlegende Fähigkeit des Kehlkopfes. Das Üben zielt dabei auf immer weniger Anstrengung und immer fließendere Übergänge zwischen Luftstrom, hörbarem Luftstrom und Ton. Wenn Ihnen diese Übergänge in mittlerer Tonlage gut gelingen, dann übertragen Sie die Übung auf höhere und tiefere Töne. Sie werden bemerken, dass dasselbe Spiel in verschiedenen Tonlagen unterschiedlich gut funktioniert. Auch der gewählte Vokal macht einen Unterschied. Bei welchem geht es leichter? Bei welchen weniger gut? Auf einer unbequemen Tonhöhe läuft der Wechsel nicht mehr fließend.

Erweiterung der Übung

Das Üben kann in die Richtung gehen, auf einer bequemen Tonhöhe zu beginnen, dort den optimalen Vokal zu finden und mit diesem dann langsam den Tonhöhenbereich zu erweitern. Es ist eine der Übungen, die ein Leben lang vorhalten. Als Optimum könnte man formulieren: Es sollte bei jeder Tonhöhe und Lautstärke, bei jedem Vokal und zu jedem Zeitpunkt möglich sein, fließend zwischen allen drei Zuständen zu wechseln.

Das Optimum

Übung 3: Die Vase

Die Beschäftigung mit der Vase zielt auf Ihre Einstellung und damit auf das von der Wahrnehmung geleitete Tun ab. Um eine Veränderung für die Sprechstimme in Richtung weicher und tiefer zu bewirken, reichen meist fünf Minuten Beschäftigung mit der Vase aus.

Erster Teil: Bestandsaufnahme

Hilfsmittel

Der erste Teil entspricht dem der Übung *Sitzen, liegen,* wie er auf den Seiten 72 und 73 beschrieben wurde.

Zweiter Teil: Übungsimpuls

Für diese Übung benötigen Sie eine Blumenvase, einen Krug oder ein großes Glas. Gut geeignet ist ein bauchiges, leeres Gefäß.

Den Gefäßton suchen

Die Aufgabe ist einfach beschrieben: Finden Sie den Ton, der „ins Gefäß passt". Finden ist nicht schwer, wenn man weiß, wie man suchen muss. Halten Sie sich das Gefäß relativ nah ans Gesicht, und summen Sie einen leisen Ton.

- Passt der?
- Wenn ja: Woran merken Sie es?
- Wenn nein: Woran merken Sie es?

Summen Sie den Ton noch ein paarmal, und beobachten Sie, woran Sie merken, dass der Ton passt oder nicht passt.

Glissando summen

Summen Sie nun ein Glissando. Beginnen Sie mit einem eher hohen Ton, und rutschen Sie dann gleitend in der Tonhöhe nach unten.

Wenn Sie sich nicht sicher sind, ob Sie wissen, was ein Glissando ist: Auf der CD gibt es zwei Beispiele für das, was mit „Glissando" gemeint ist.

Summen Sie das Glissando in die Öffnung des Gefäßes hinein. Beobachten Sie, ob es dabei Passagen gibt, bei denen der Ton etwas lauter oder voller wird, Passagen also, bei denen das Gefäß mit in Schwingung gerät. Was können Sie während einer solchen Passage an Ihren Händen bemerken?

Singen Sie nun das Glissando mit einer Art „oo" (wie in „Moos"). Wiederholen Sie das einige Male, und beobachten Sie, ob es Passagen gibt, in denen Ihnen der Klang aus dem Gefäß wieder entgegenschallt, in denen also der Klang von alleine etwas tiefer oder voller wird.

Glissando auf „oo"

Bleiben Sie nun mit der Tonhöhe in dem Bereich, in dem Sie mit der Vase zusammen gesungen haben. Spielen Sie auch hier leicht mit der Tonhöhe, um sich noch genauer auf den Eigenresonanzraum des Gefäßes einzustellen. Es gibt einen Punkt, auf den das Gefäß am meisten reagiert, also fühl- und hörbar mitschwingt.

Sich auf den Gefäßton einpendeln

Falls es nicht klappt Wenn Sie diesen auch nach einigen Glissandi nicht finden, dann
- sind Sie zu weit von der Öffnung des Gefäßes entfernt. Kommen Sie also mit dem Mund näher heran.
- ist das Glissando vielleicht zu schnell, und Sie sind immer schon an dem Punkt vorbeigerauscht, um den es ging. Probieren Sie es also langsamer.
- liegt der Punkt über oder unter den Tonhöhen, die Sie singen. Schaffen Sie also drei andere Gefäße heran, und probieren Sie diese durch.
- rufen Sie mich an!

Mit der Vokalfarbe spielen Wenn Sie eine der Resonanz-Tonhöhen gefunden haben, dann spielen Sie leicht mit der Vokalfarbe: Lassen Sie einmal (bei konstanter Tonhöhe) das „oo" ein wenig „uu"-iger werden. Tendieren Sie dann einmal ein bisschen mehr zum „aa" hin.

Wenn Ihnen das zunächst zu knifflig erscheint, dann singen Sie einfach einmal ein „uu" auf der Tonhöhe, die dem Gefäß adäquat ist, und einmal ein „a". Beobachten Sie, welcher der drei Vokale – a, o oder u – am besten ins Gefäß passt.

Dritter Teil: Wahrnehmung der Unterschiede

Die Wirkung überprüfen Der Gefäßton spiegelt einen Klanganteil im eigenen Klang wider. Wenn Sie sich darüber ein wenig klar geworden sind, dann sprechen Sie noch einmal wie zu Beginn der Übung. Sagen Sie ein paar Sätze, und beobachten Sie Ihre Sprechstimme jetzt:
- Was hat sich darin im Vergleich zum Beginn der Übung verändert?
- Wo können Sie Ihre Stimme jetzt wahrnehmen?
- Klingt sie eher dunkler oder heller?
- Tiefer oder höher?
- Härter oder weicher?

In der Regel können Sie beobachten, dass Ihre Stimme nun etwas entspannter und ruhiger klingt als zuvor.

Tiefe und Weichheit Vielleicht sind Sie erstaunt über die Tiefe oder die Weichheit, die Ihre Stimme im Resonanzbereich des Gefäßes hat. Dieser Bereich des Klangs wird durch den zugeschalteten Klangraum lauter und somit besser wahrnehmbar. Wenn Sie dagegen mit Kraft (Druck) arbeiten, werden Stimmqualitäten wie Tiefe und Weichheit leicht zugedeckt.

Die Vase als äußerer Klangraum hilft also, einen im eigenen Stimmklang enthaltenen Klanganteil deutlicher zu machen. In einem nächsten Schritt ist es lohnenswert, der Frage nachzugehen, wo dieser Klanganteil herkommt bzw. wo er im eigenen Körper entsteht.

Übung 4: Erweiterung der Vase

Finden Sie noch einmal den Klang, der am besten ins Gefäß passt. Entfernen Sie dann langsam den Mund von dem Gefäß, und beobachten Sie, wie lange Sie noch mit der schwingenden Vase im Kontakt bleiben können. Wiederholen Sie das drei Mal.

Grenze des Kontakts

Singen Sie dann denselben Ton ohne Vase, und bleiben Sie mit der Wahrnehmung an dem „Vasenton". Wo können Sie diesen Ton in sich hören oder spüren? Lassen Sie sich für die Beantwortung dieser Frage fünf bis zehn Töne Zeit. Machen Sie dann eine Pause.

Den Ton in sich spüren

Wenn Sie ein Gefühl dafür entwickeln, welche Klänge am besten zu dem Gefäß passen, dann beginnen Sie nun, mit diesem vorgeschalteten Klangraum zu sprechen. Möglicherweise können Sie im Sprechen recht deutlich den Unterschied bemerken zwischen den Klängen, die gut in die Vase passen, und denen, die überhaupt nichts mit ihr zu tun zu haben scheinen …

In die Vase sprechen

Sprechen Sie einmal nur auf der Tonhöhe, die gut in die Vase passt. Das klingt wie das Gemurmel einer Litanei. Sprechen Sie danach wieder einmal „normal". Beobachten Sie, wie viel Sie nun von dem Vasenton in Ihrem eigenen Sprechen wiederfinden.

Den Vasenton im Sprechen finden

Eine Variante der Übung besteht darin, die Versuchsanordnung umzudrehen. Dafür halten Sie die Öffnung der Vase vor Ihr Ohr. Suchen Sie nun den Ton, der gut zur Vase passt. Wenn Sie ihn finden, können Sie das Mitschwingen der Vase an dem entspre-

Vase vor das Ohr halten

chenden Ohr sehr deutlich hören und im bzw. am Ohr sogar fühlen. Dafür ist wichtig, dass Sie die Öffnung zunächst nicht zu weit von der Ohrmuschel entfernt halten. Im Laufe der Zeit können Sie dann die Vase immer weiter vom Ohr weg halten. Irgendwann wird es Ihnen gelingen, das Mitschwingen der Vase auch dann zu hören, wenn diese in einiger Entfernung von Ihnen im Zimmer steht.

Übung 5: Bögen
Diese Übung setzt am Körperbild – also am inneren Bild des Körpers und seiner Räume – an.

→ Im Abschnitt *Wahrnehmung und Handlung* des Kapitels *Hintergründe* wird der theoretische Zusammenhang zwischen diesem inneren Bild und seiner Bedeutung für die Organisation von Handlungen beschrieben.

Erster Teil: Bestandsaufnahme
Der erste Teil entspricht dem der Übung *Sitzen, liegen,* wie er auf den Seiten 72 und 73 beschrieben wurde.

Zweiter Teil: Übungsimpuls

Bequeme Position Machen Sie es sich bequem. Legen Sie sich am besten hin. Wenn Sie die Übung sitzend machen möchten, lehnen Sie sich an.

Singen Sie auf einer bequemen Tonhöhe in bequemer Lautstärke den Vokal „a" („aaaaaaaaaaaaa"). Wiederholen Sie dies drei Mal.

Bequeme Lautstärke suchen Ist diese Lautstärke wirklich bequem? Oder geht es noch etwas leichter, wenn Sie etwas leiser singen? Testen Sie es aus.

Bequeme Tonhöhe suchen Ist diese Tonhöhe tatsächlich bequem? Oder geht es vielleicht noch ein bisschen leichter, wenn Sie etwas höher oder tiefer singen? Testen Sie auch das aus.

Vokalwechsel Entweder sind Sie auf der zu Beginn gewählten Tonhöhe geblieben, oder Sie haben eine andere, bequemere gefunden. Singen Sie nun auf dieser relativ bequemen Tonhöhe in angenehmer

Lautstärke in fließendem Wechsel „aaa – ooo – aaa". Das heißt, Sie beginnen mit dem Vokal „a", wechseln dann, ohne Ton oder Atem abzusetzen, zum „o" und kommen zum Schluss des Klanges wieder zum „a".

Wiederholen Sie diesen fließenden Vokalwechsel fünf Mal.

Nehmen Sie, zunächst ohne zu bewegen oder zu tasten, die Oberlippe wahr. Lassen Sie sich Zeit, diese zu erspüren. Man könnte auch sagen: Die Oberlippe möge sich selbst erspüren.

Die Oberlippe wahrnehmen

Beobachten Sie, um wie viel die Wahrnehmung der Oberlippe im Laufe der Zeit deutlicher, konturierter wird, reicher an Details. Lassen Sie sich etwa eine bis zwei Minuten dafür Zeit.

Beschränken Sie sich dann darauf, nur noch die rechte Seite der Oberlippe wahrzunehmen. Wie lang – in Ihrer Wahrnehmung – ist die Strecke von der Mitte der Oberlippe bis zum rechten Mundwinkel?

Die rechte Hälfte der Oberlippe

Beschäftigen Sie sich ein paar Atemzüge lang mit dieser Frage und machen Sie dann, auch wenn Sie sich noch nicht endgültig klar über die Antwort dieser Frage geworden sind, eine kurze Pause.

Bringen Sie nun die Zungenspitze zwischen den beiden Zahnreihen an die Innenseite der Oberlippe. Lassen Sie die Zunge von der Mitte nach rechts zum Mundwinkel wandern und wieder zur Mitte zurückkehren.

Die Zunge wandert innen

Verlangsamen Sie die Bewegung. Wiederholen Sie diese verlangsamte Bewegung der Zunge auf der Innenseite der Oberlippe zehn Mal.

Die Bewegung verlangsamen

Lassen Sie dann die Zunge ruhen. Beobachten Sie, wie sich die Wahrnehmung der rechten Hälfte der Oberlippe verändert hat:
- Scheint die Lippe dicker zu sein als vorher?
- Breiter? Weicher? Voller?
- Oder ist sie unverändert geblieben?

Der Veränderungen gewahr werden

Die Zungenspitze wandert außen

Schieben Sie nun die Zunge einmal zwischen den beiden Zahnreihen und zwischen den Lippen hindurch nach außen. Fahren mit der Zungenspitze die Oberlippe von außen ab, jeweils in der Mitte beginnend bis zum rechten Mundwinkel und wieder zurück.

Verlangsamen Sie diese Bewegung mit jedem Mal. Wiederholen Sie dies zehn Mal.

Der Rechts-Links-Vergleich

Machen Sie nun eine Pause. Beobachten Sie, wie sich die Wahrnehmung Ihrer Oberlippe weiter verändert hat. Vergleichen Sie die rechte mit der linken Seite.

Die obere Zahnreihe entlang

Machen Sie dann eine ähnliche Bewegung wie eben, nur diesmal auf der Innenseite der oberen Zahnreihe, sodass die Zungenspitze die einzelnen Schneidezähne oben auf der Innenseite nach rechts über Eckzahn zu den Backenzähnen entlangtastet und wieder zur Mitte zurückkehrt.

Verringern Sie mit jedem Mal den Druck der Zunge gegen die Zähne. Wiederholen Sie diese Bewegung zehn Mal.

Den Mundraum spüren

Machen Sie wieder eine Pause. Beobachten Sie Ihre Wahrnehmung sowohl der rechten Hälfte der Oberlippe als auch des gesamten Mundraumes. Registrieren Sie, was Ihnen daran neu oder ungewohnt ist.

Den Mundwinkel bewegen

Lassen Sie dann die Zunge ruhen, und bewegen Sie den rechten Mundwinkel nach links zur Mitte hin, dorthin, wo die Zungenspitze hinter Lippe und Zahnreihe ruht. Lassen Sie den rechten Mundwinkel wieder los. Bewegen Sie den Mundwinkel so einige Male hin und her und beobachten Sie, ob Zunge und Kiefer bei dieser Bewegung mitmachen wollen oder sich auch tatsächlich mitbewegen.

Veränderung des Mundraumes

Pausieren Sie, und beobachten Sie abschließend, wie sich das Bild, das Sie von Ihrer rechten Oberlippe haben, verändert hat. Wie hat sich außerdem das Gefühl für den rechten Mundraum verändert? Und wie das Gefühl für den gesamten Mundraum?

Singen Sie nun noch einmal auf bequemer Tonhöhe mit bequemer Lautstärke „aaa – ooo – aaa" wie zu Beginn, und beobachten Sie die Veränderungen im Klang.

Die Veränderungen im Vokalwechsel

Dritter Teil: Wahrnehmung der Unterschiede
Sprechen Sie, und beobachten Sie, wie die Veränderungen in die Sprechstimme ausstrahlen:

- Klingt die Stimme härter oder weicher?
- Klingt sie wärmer?
- Erscheint sie Ihnen höher oder tiefer?
- Und situativ übersetzt: Vermittelt die Stimme jetzt mehr Nähe und Vertrautheit als zu Beginn der Übung?

Bewegung dient dazu, das innere Bild von Raum und Bewegung und damit den Klang der Stimme zu verändern.

Wenn Sie die Übung das nächste Mal machen, können Sie sich mit dem anderen Teilbogen (von der Mitte nach links) beschäftigen. Dieser horizontale ist nur einer von mehreren Bögen, die den Mundraum ausmachen. In der weiteren Beschäftigung können Sie sich auf ähnliche Weise wie oben beschrieben den vertikalen Bogen erschließen. Hier verläuft die Linie der Zungenspitze auf der Rückseite der mittleren Schneidezähne nach oben übers Zahnfleisch und am Gaumen nach hinten. Wenn diese beiden Bögen klar sind, können Sie in einem dritten Schritt die Endpunkte der beiden Bögen miteinander verbinden.

Die weiteren Bögen

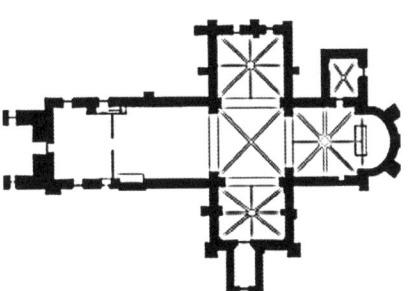

Die Abbildung zeigt den Grundriss einer Kirche. Rechts im Bild finden Sie eine dem Kiefer ähnelnde Rundung und sogar die Andeutung eines – zugegeben etwas lückenhaften – Gebisses!

Kirche und Kiefer

Akustisch sinnvoll Diese Ähnlichkeit der Form zwischen Kiefer und Kirche muss nicht willkürlich sein und ist auch in akustischer Hinsicht sinnvoll. Nicht zufällig steht in dieser Rundung auch der Altar. Wer von hier aus eine große Menschenmenge ansprechen will, schafft dies sogar ohne Mikrofon. Klang ist hörbarer Ausdruck der (beim Körper beweglichen) Architektur.

Übung 6: Wie sag ich's meinem Hund?
Diese Übung arbeitet mit der Sprechhaltung.

→ Ergänzende und vertiefende Hinweise zum Thema *Sprechhaltung* finden Sie im Kapitel *Gähnstopp!*

Erster Teil: Bestandsaufnahme
Der erste Teil entspricht dem der Übung *Sitzen, liegen,* wie er auf den Seiten 72 und 73 beschrieben wurde.

Zweiter Teil: Übungsimpuls
Ein Tier streicheln Vielleicht haben Sie wirklich einen Hund, vielleicht ein anderes Tier, das Sie gerne streicheln. Oftmals bleibt es nicht beim Streicheln, man redet auch mit dem Tier, das man liebkost – und zwar auf beruhigende Art.

Zum Tier sprechen Reden Sie also beruhigend zu Ihrem Hund bzw. einem anderen Haustier. Falls Sie keins haben, stellen Sie es sich nur vor. Beobachten Sie die Stimmqualität, die Sie dafür benutzen.

Dritter Teil: Wahrnehmung der Unterschiede
Kehren Sie noch einmal zum Beginn der Übung zurück und damit zu einer Sprechsituation, in der Sie gerne beruhigend und entspannend sprechen möchten. Nehmen Sie etwas von der eben erfahrenen Stimmqualität mit in Ihr Sprechen. Spüren Sie einen Unterschied?

Der Wechsel zum entspannenden Sprechen wird Ihnen von Mal zu Mal leichter fallen.

4.3 Übungen zu Beweglichkeit

Übung 1: Text als Lied

Erster Teil: Bestandsaufnahme

Wählen Sie einen Inhalt, den Sie gut kennen. Das könnte ein Thema sein, über das Sie immer wieder einmal sprechen, bzw. ein Thema, an dem Sie aktuell arbeiten. Alternativ sind auch übliche Eröffnungsfloskeln möglich. **Thema auswählen**

Sprechen Sie darüber so, wie Sie es in Ihrer spezifischen beruflichen Situation tun würden. Tun Sie das, um „richtig reinzukommen", zwei Minuten lang. Machen Sie anschließend eine Pause. **Zwei Minuten lang sprechen**

Erinnern Sie sich dann an Ihren Vortrag. Ähnelte das Sprechen der Art und Weise, in der Sie normalerweise über dieses Thema reden?

Gehen Sie nun den folgenden Fragenkatalog durch. Er dient einerseits dazu, den eigenen Fortschritt im Verlauf der Übung zu bemerken. Andererseits bildet er auf längere Sicht ein inneres Gerüst für die Eigenwahrnehmung im Alltag (siehe auch die Abbildung im Kapitel *Auftakt* auf S. 17). **Gerüst für Eigenwahrnehmung**

- *Bewegung*
  - War das Sprechen eher bewegt oder eher unbewegt?
  - Hat es Sie selbst bewegt?
- *Dynamik*
  - War das Sprechen durchgängig eher leise?
  - Oder war es durchgängig eher laut?
  - Wurden Sie mal leiser, mal lauter? Wann?
  - Welches war das leiseste, welches das lauteste Wort?
- *Tempo*
  - Wie war das Sprechtempo? Schnell? Langsam?
- *Rhythmus*
  - Wurden Sie auch mal langsamer?
  - Mal schneller?
  - Wann, an welcher Stelle?

Fragenkatalog

4. Übungen zum Stimmkompass

■ *Modulation*
 – Haben Sie die Tonhöhe im Sprechen variiert?
 – Sind die Sätze zum Schluss hin immer abgefallen?
 – Oder sind die Sätze zum Ende hin immer angestiegen?
 – Gab es einzelne Worte, die relativ zum Rest höher oder tiefer waren?

Schwierige Fragen später beantworten Wenn Sie nicht gleich beim ersten Mal zu allen Fragen des Katalogs eine Antwort haben, ist das nicht weiter problematisch. Halten Sie sich zunächst an die Fragen, die Sie gleich beantworten können. Je öfter Sie üben, desto mehr können Sie sich mit denjenigen Fragen beschäftigen, deren Antworten Ihnen schwer fallen.

Zweiter Teil: Übungsimpuls

Den Vortrag singen Wenn Ihnen die Beschäftigung mit dem Fragenkatalog ein etwas genaueres Bild von Ihrem kurzen Vortrag gegeben hat, dann singen Sie ihn jetzt einmal. Ja – singen!

Sie könnten Ihre Ausführungen volksliedartig oder wie in einem Oratorium darbieten, wie ein Musical erschallen lassen oder als sehnsüchtig-romantisches Lied intonieren, als trauernde Klage oder auch als feierliche Ode an das Leben vortragen! Stellen Sie sich einen Opernsänger vor oder einen Solisten in einem Kirchenkonzert. Wichtig ist allein, dass Sie etwas singen, das Sie zu sprechen gewohnt sind – egal ob als Blues, als Schlager oder als Einschlaflied.

Inhalt darf durcheinander geraten Kümmern Sie sich dabei nicht darum, dass Ihnen einige Worte oder gar der halbe Text verloren („flöten“) geht – das ist normal. Darauf kommt es jetzt auch nicht an. Kommt Ihnen jedoch der komplette Text abhanden, dann beginnen Sie noch einmal von vorn. Ein bisschen von dem, was Sie sagen wollen, soll schon mit dabei sein!

Zwei Minuten lang Singen Sie, und tun Sie dies zwei heitere Minuten lang. Machen Sie dann eine Pause. Schließen Sie die Augen, und erinnern Sie:

■ Hat Sie diese Art des Vortrages mehr oder weniger bewegt als die erste?

90

- Welches waren die wichtigsten Unterschiede zu Ihrer gewohnten Art des Sprechens?
- Welcher Aspekt des Singens hat Sie am stärksten aus der Bahn geworfen?

Dritter Teil: Wahrnehmung der Unterschiede
Sprechen Sie Ihren kurzen Vortrag noch einmal. Beobachten Sie den *generellen* Unterschied zu dem Mal vor dem Singen. Spüren Sie anschließend den Unterschieden im *Speziellen* nach:

Den Unterschieden nachspüren

- Welcher Parameter – Bewegung, Dynamik, Tempo, Rhythmus, Modulation – hat sich am meisten verändert?
- Welcher hat sich gar nicht verändert?

Ziel der Übung ist es weniger, zu lernen, eine Unterrichtsstunde singend abzuhalten – obgleich auch das natürlich reizvoll sein könnte –, als vielmehr, etwas von der Beweglichkeit und Emotion des Singens mit ins Sprechen hinüberzuretten. Achten Sie daher auf die neuen inhaltlichen und emotionalen Aspekte, die Ihnen durch das Singen klar werden. Diese neuen Aspekte könnten Ihnen beispielsweise durch die Farbigkeit oder Ernsthaftigkeit der gewählten Form zu Bewusstsein kommen.

Neue emotionale Aspekte

Nehmen Sie die Emotionalität und Beweglichkeit des Singens mit ins Sprechen!

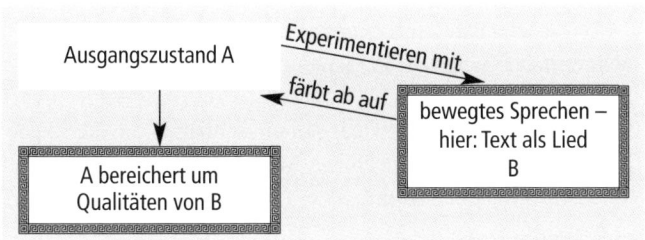

Bei dieser Übung handelt es sich übrigens um eine für das Gehirn recht interessante Koordinationsübung – Singen und verbales Denken sind nicht unbedingt miteinander kompatibel. In dieser Spannung kann der Funken überspringen.

Übung 2: Vogelstand

Zweck der Übung Der Zweck dieser Übung besteht darin,
1. unterschiedliche Arten von Bewegung im Körper zu erfahren;
2. zu erleben, wie Kontrollmuster, die den Stimmklang normalerweise einschränken, für ein paar Momente ihre Wirkung verlieren.

Erster Teil: Bestandsaufnahme
Der erste Teil entspricht dem der Übung *Text als Lied,* wie er auf den Seiten 89 und 90 beschrieben wurde.

Zweiter Teil: Übungsimpuls

Unabsichtliche Bewegungen Stehen Sie, und schließen Sie die Augen. Bleiben Sie so eine Minute lang stehen. Nehmen Sie die Bewegungen wahr, die in Ihrem Stehen stattfinden, obwohl Sie diese nicht absichtlich tun.

Die Bewegung für das Atmen Öffnen Sie dann die Augen wieder, und gehen Sie ein wenig im Raum herum. Bleiben Sie dann noch einmal stehen, schließen Sie noch einmal die Augen und beobachten Sie die Bewegung für das Atmen. Wo können Sie solche Bewegung überhaupt bemerken?

Öffnen Sie die Augen, und beobachten Sie, wie sich die Wahrnehmung der Atmung dadurch verändert. Können Sie bei geöffneten oder bei geschlossenen Augen mehr von sich selbst mitbekommen?

Gehen Sie jetzt im Raum ein paar Schritte, und beobachten Sie, inwieweit das Gehen die Wahrnehmung der Atmung verändert.

Bleiben Sie dann noch einmal stehen, schließen Sie die Augen, und beobachten Sie ein letztes Mal den Unterschied in der Wahrnehmung der Atmung.

Vergleich der drei Wahrnehmungen In welcher der drei Situationen konnten Sie am meisten von Ihrer Atmung wahrnehmen:
- im Stehen mit geschlossenen Augen?
- im Stehen mit geöffneten Augen?
- mit Umhergehen?

Breiten Sie die Arme aus, und heben Sie die Arme in etwa schulterhoch – lieber etwas höher, aber nur ein bisschen. Heben Sie den einen Fuß vom Boden ab. Führen Sie ihn an das Schienbein des Standbeins auf bequeme Höhe, und lassen Sie den Fuß im Kontakt mit dem Standbein.

Den Vogelstand einnehmen

Schließen Sie die Augen, und beobachten Sie die Bewegung im Körper. Bleiben Sie so drei Atemzyklen lang stehen.

Bewegung beobachten

Öffnen Sie dann die Augen wieder, senken Sie langsam die Arme, und lassen Sie den Fuß zurück zum Boden. Beobachten Sie Ihre Atmung jetzt. Und: Können Sie jetzt Bewegung im Stehen bemerken?

4. Übungen zum Stimmkompass

Bequemen Ton summen	Summen Sie dann einen bequemen Klang – wählen Sie also eine bequeme Tonhöhe und einen bequemen Vokal. Beobachten Sie die Bewegung im Klang.

Wiederholen Sie das drei Mal.

Im Vogelstand singen Schließen Sie dann die Augen, und singen Sie mit geschlossenen Augen drei Mal.

Stellen Sie sich dann noch einmal in den Vogelstand, und singen Sie dabei drei Mal.

Machen Sie eine Pause. Konnten Sie diesmal Bewegung im Klang hören?

Das Gehen hören Gehen Sie im Raum und singen Sie dabei. Beobachten Sie, inwieweit das Gehen sich im Klang ausdrückt. Was passiert beispielsweise mit dem Klang in dem Moment, da eine Ferse auf dem Boden ankommt?

Beginnen Sie dann, im Gehen über Ihr Thema zu sprechen.

Das Gehen im Stehen nachspüren Bleiben Sie dann stehen, schließen Sie die Augen, und spüren Sie der Bewegung des Gehens nach. In manchen Körperteilen ist noch ein Nachhall, ein Echo oder sogar das Gefühl von Bewegung.

Beginnen Sie dann noch einmal zu sprechen, und beobachten Sie, wie das jetzt geht.

Dritter Teil: Wahrnehmung der Unterschiede
Stellen Sie sich dann noch einmal in den Vogelstand mit allem Drum und Dran, heben Sie die Arme, schließen Sie die Augen, und beginnen Sie im Vogelstand bei geschlossenen Augen zu sprechen.

Transfer aus dem Vogelstand Lösen Sie dann, während Sie weitersprechen, den Vogelstand auf, bringen Sie den zweiten Fuß wieder auf den Boden zurück – und beobachten Sie, wie viel Sie von der Bewegung im Sprechen erhalten können.

94

Vergleichen Sie die Beweglichkeit und Lebendigkeit Ihres Sprechens jetzt mit der zu Beginn der Übung vor einigen Minuten! Ziehen Sie dazu das Gerüst für Eigenwahrnehmung aus der vorigen Übung hinzu!

Abschließender Vergleich

Das Atmen und die balancierenden Bewegungen im Körper vollziehen sich unabsichtlich. Sie können sie nicht ausschalten. Sie sind das Lebensgespräch des Körpers mit sich selbst und mit seiner Umwelt.

Lebensgespräch des Körpers

Der Körper ist immer in Bewegung!

Klang ist ebenfalls Bewegung, ist Abdruck der hundertfach pro Sekunde schwingenden Stimmlippen. Der Versuch, Bewegung zu unterbinden (Kontrolle), ist selbst wieder eine Bewegung – und auch diese findet ihren Abdruck im Stimmklang. Deswegen hören Sie es, wenn jemand ein Gefühl zurückhält und versucht, sich zu kontrollieren.

Die Absicht dieser Übung besteht – neben den beiden zu Beginn erwähnten Aspekten – darin, den Nutzen von unkontrollierbarer (mit anderen Worten: spontaner) Bewegung für die Stimme zu erfahren und durch solche positive Erfahrung Mut zu machen.

Spontane Bewegung erfahren

Im Vogelstand entscheidet sich der Körper dafür, lieber stehen zu bleiben als umzufallen. Um dieses Ziel zu erreichen, wirft er unterschiedliche Kontrollmuster, die den Stimmklang zuvor eingeschränkt haben, mühelos von Bord. Ergebnis ist ein lebendigerer Klang, eine lebhaftere Stimme und ein bisschen mehr Beweglichkeit im Menschen.

Weniger Kontrolle, lebendigerer Klang

Der Vogelstand ist damit ein Beispiel dafür, wie man die unterschiedlichen Ebenen im Körper nutzen kann.

→ Ergänzende Informationen finden Sie dazu in den Kapiteln *Stehen und Standing* sowie *Hintergründe*.

Gleichgewichts-spiele Wenn Ihnen der Vogelstand-Effekt klar ist, können Sie auf analoge Weise mit allen anderen Arten von Gleichgewichtsspielen arbeiten. Bewegen Sie sich zum Beispiel auf einem Trampolin, versuchen Sie, auf einer Flasche zu stehen, jonglieren Sie, balancieren Sie einen Stab usw.

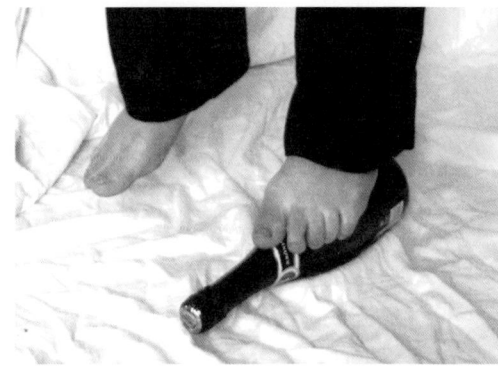

Übung 3: Seufzen

Erster Teil: Bestandsaufnahme
Der erste Teil entspricht dem der Übung *Text als Lied,* wie er auf den Seiten 89 und 90 beschrieben wurde.

Zweiter Teil: Übungsimpuls
Vom Seufzen lernen Es gibt eine gut bekannte Stimmäußerung, die viele Elemente der Stimmarbeit in sich vereint: das Seufzen. Die Tonhöhe fällt unkontrolliert, das Luft-Ton-Verhältnis ist wild, kurz: Vom Seufzen können Sie einiges lernen, was mit Spontaneität und Beweglichkeit zusammenhängt.

Seufzen Sie also. Lassen Sie sich zwischen den Seufzern ein bisschen Zeit, damit Sie nicht ins Hyperventilieren kippen …

Seufzen Sie drei Mal.

Erinnern Sie sich:

■ Konnten Sie die Tonhöhe fallen hören?
■ Konnten Sie Luft im Stimmklang hören?
■ Was macht der Oberkörper beim Seufzen?

Erste Wahrnehmungen

Das sind natürlich ein paar Fragen zu viel für nur dreimal seufzen – seufzen Sie also erneut. Verlängern Sie aber diesmal die Dauer des Seufzens mit jedem Mal ein wenig, sodass der geseufzte Bogen länger oder weiter wird.

Seufzen Sie so fünf Mal. Lassen Sie die Dauer des Seufzens länger werden.

Seufzdauer verlängern

Machen Sie dann eine Pause.

Heben Sie nun eine Hand über den Kopf, und lassen Sie die Hand zusammen mit dem Seufzen nach unten sinken.

Eine Hand mitführen

Bemerken Sie, dass Sie den Kopf im Seufzen ebenfalls senken? Dann senken Sie den Kopf beim nächsten Mal ein bisschen weiter.

Den Kopf senken

Die Schultern mitführen Wenn Sie bemerken, dass die Schultern dabei auch nach vorne und nach unten sinken, dann lassen Sie die Schultern beim nächsten Mal noch weiter in die Richtung gehen.

Hand, Kopf und Schultern Wiederholen Sie die Bewegung mit Hand, Kopf und Schultern drei Mal.

Machen Sie eine kurze Pause.

Umkehrung Machen Sie es nun umgekehrt: Beginnen Sie das Seufzen in der zusammengesunkenen Haltung – Kopf, Schultern und Hand sind vorne und unten. Heben Sie die Hand, um den ganzen Oberkörper mit den Schultern und dem Kopf wieder aufzurichten. Die Hand halten Sie zum Schluss des Seufzens über den Kopf gehoben.

Sie haben Zeit! Lassen Sie sich Zeit, die ganzen Körperteile zu koordinieren. Und wenn Sie die komplette Bewegung gut können: Machen Sie eine Pause.

Dritter Teil: Wahrnehmung der Unterschiede
Sprechen Sie noch einmal wie zu Beginn der Übung, und vergleichen Sie Ihren Vortrag in puncto Beweglichkeit mit dem ersten Versuch heute.

Die zwei Loslassbewegungen im Seufzen

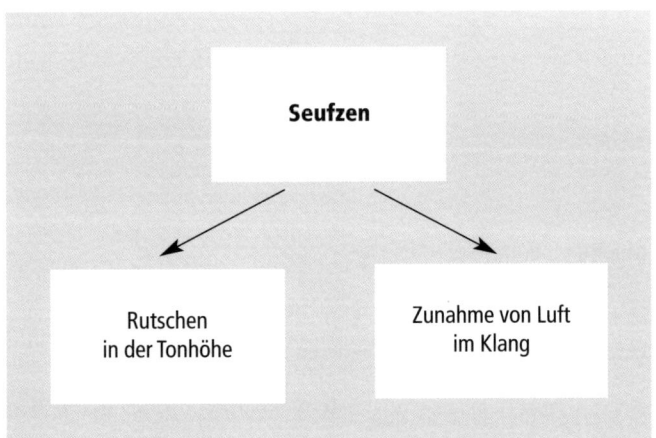

4.4 Übungen zur Verständlichkeit

Übung 1: Hände

Erster Teil: Bestandsaufnahme
Wählen Sie eine (vorgestellte) Sprechsituation aus Ihrem beruflichen Alltag sowie ein Thema, über das Sie in dieser Situation „im Schlaf" reden können.

Geläufiges Thema wählen

Sprechen Sie etwa eine Minute lang. Reden Sie dabei zu einem Einzelnen oder zu einer Gruppe?

Machen Sie nach der Minute eine Pause und erinnern Sie sich:
- Haben Sie verständlich gesprochen?
- War Ihre Aussprache deutlich?
- Wie groß oder klein war der Aufwand für dieses Maß an Deutlichkeit? Eher groß oder eher klein?

Bestandsaufnahme

Die Beantwortung dieser Fragen ermöglicht Ihnen zu erfahren, was sich durch die folgenden Übungen jeweils verändert hat.

Zweiter Teil: Übungsimpuls
Machen Sie es sich bequem. Setzen Sie sich, lehnen Sie sich an, oder legen Sie sich hin. Machen Sie es sich *wirklich* bequem. Sie können Ihre Position im Übungsverlauf auch noch nachbessern.

Bequeme Position einnehmen

Singen Sie im Ausatmen den Vokal „a". Man hört also ein lang gezogenes „aaa".

Singen Sie weiterhin im Ausatmen den Vokal „a", und suchen Sie sich eine bequeme Tonhöhe dafür. Probieren Sie absichtlich aus:
- Welche Tonhöhe wäre zu hoch, um noch bequem zu sein?
- Welche wäre zu tief, um noch einfach – also ohne besonderen Aufwand – gesungen zu werden?

Bequeme Tonhöhe suchen

Bequem ist etwas, das Sie andauernd tun können, ohne davon müde zu werden.

Wenn Sie eine bequeme Tonhöhe gefunden haben, machen Sie eine Pause.

Die Hände als Klangreflektoren Nehmen Sie nun die Hände so, dass Sie mit den Fingerspitzen die Ohrmuscheln berühren. Singen Sie den Vokal „a", und bewegen Sie dabei die Ellbogen nach innen und nach außen. Auch die Hände verändern dabei ihren Winkel zum Kopf. Die Fingerspitzen bleiben aber im Kontakt mit den Ohrmuscheln. Bewegen Sie die Ellbogen relativ langsam, und beobachten Sie, in welchen Positionen Sie das „a" kräftiger oder heller hören.

Machen Sie eine Pause. Entspannen Sie Hände und Arme.

Lichtstrahl im Klang In einigen Positionen der Hände bekommen Sie eine frühe Reflexion des Klanges zum Ohr. Als Metapher könnte man sich vorstellen, die Handinnenfläche leitete den Klang vom Mund an den Wangen vorbei zum Ohr. Die Ohrmuschel selbst leitet einen bestimmten Frequenzbereich stärker weiter als andere Frequenzbereiche. Diesen bestimmten Frequenzbereich nehmen Sie besser wahr als andere – er sorgt für Tragfähigkeit und Klarheit der

Stimme. Das Ohr orientiert sich daran wie am Lichtstrahl eines Leuchtturms.

Es ist spannend, jemand anderem bei dieser Übung zuzuhören, weil man von außen recht gut wahrnimmt, wann sich der Singende selbst besser hört: Der Klang wird dann nämlich auch für den Außenstehenden lauter. Die Arbeit mit den Händen als Schall-Reflektoren verdeutlicht anschaulich den Zusammenhang zwischen Wahrnehmung und Tun. Eine verbesserte Wahrnehmung verbessert die Handlung. **Verbesserte Wahrnehmung verbessert das Tun**

→ Ergänzende Informationen zum Zusammenhang von *Wahrnehmung und Handlung* finden Sie im Kapitel *Hintergründe*.

Singen Sie nun noch einmal so wie eben, und suchen Sie mit den Händen die Stellung, in der Sie Ihren eigenen Klang am stärksten hören können. Bleiben Sie mit den Händen in dieser Position. Singen Sie einige Töne, die Sie mit den Händen direkt ans Ohr weiterleiten. **Wo hören Sie mehr?**

Achten Sie auf Ihre Wahrnehmungen: **Eher heller oder eher dunkler?**
- Welchen Klanganteil geben die Hände verstärkt wieder?
- Klingt das, was von den Händen an die Ohren zurückgeworfen wird, eher heller oder eher dunkler?

Werden Sie auf dem Ton abwechselnd lauter und leiser. Beobachten Sie, wie laut Sie leicht werden können. Lassen Sie dann einmal, während Sie lauter werden, die Hände sinken, und hören Sie auf den Klang im „freien Raum": **Lauter und leiser werden**
- Wie klingt die Stimme jetzt?
- Vielleicht leiser als zuvor mit den Händen als Schallweiterleitung – aber im Vergleich zum Beginn der Übung?

Machen Sie nun eine Pause.

Dritter Teil: Wahrnehmung der Unterschiede
Gehen Sie jetzt noch einmal die Schritte vom ersten Teil der Übung durch. Beantworten Sie zusätzlich folgende Fragen: **Zurück zu den Ausgangsfragen**
- Wie bedeckt oder klar ist Ihre Stimme jetzt?

- Hören Sie sich selbst besser?
- Hören Sie sich selbst dumpfer oder heller?
- Wie haben sich die Verständlichkeit und die Klarheit des Stimmklangs im Raum verändert?

Schalltrichter beim Sprechen Wenn Ihnen die Erfahrung des verbesserten oder intensiveren Hörens bei Zuhilfenahme der Hände klar ist, können Sie die Übung auch direkt mit Sprechen statt mit Singen machen. Das heißt, Sie spielen im Sprechen mit den Händen zwischen Mund und Ohr, um Positionen zu finden, in denen Sie sich selbst besser hören können. Wenn Sie die Hände wieder herunternehmen, dürfte die Stimme anders im Raum klingen als zuvor.

Die Verbesserung des Hörens verbessert das Sprechen.

Übung 2: Das Vokalkästchen

Während die vorige Übung die Klarheit des Klangs vom Hören aus angeht, ist diese Übung nun mit einem *körperlichen* Aspekt befasst: dem Zusammenspiel von Mundöffnung und Zunge. Betrachtet wird hier nur das Öffnen und Schließen des Unterkiefers sowie das Heben und Senken der Zunge.

Die folgende Grafik stellt den Zusammenhang zwischen Vokal (Klang) und Mund-Zunge-Konfiguration (Körper) dar.

Das Vokalkästchen

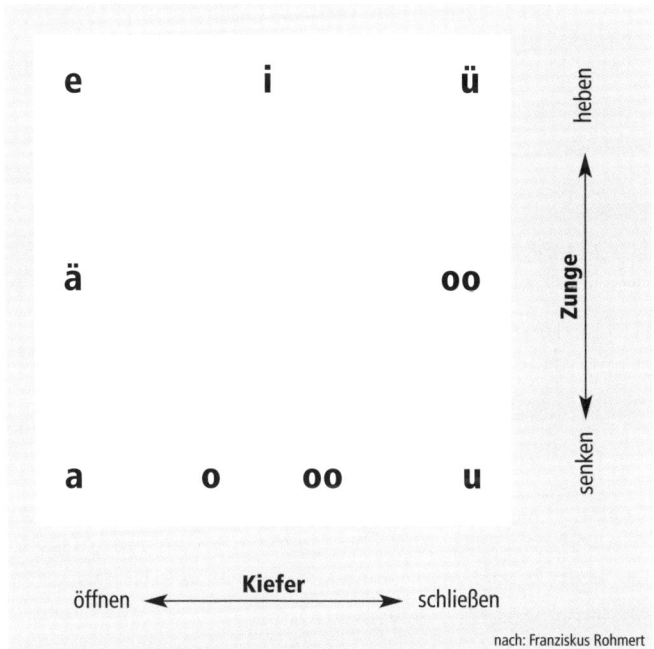

nach: Franziskus Rohmert

Das „o" bezeichnet dabei das offene „o" wie in „Morgen"; „oo" meint denselben Vokal in der Ausprägung wie in „Boot".

Das Modell verblüfft durch Einfachheit, Anschaulichkeit und gute Anwendbarkeit. Anhand dieses Modells können Sie den Mundraum differenzieren. Eine differenziertere Bewegung ermöglicht eine präzisere Einstellung. Und das ist nur eine andere Formulierung für Klarheit und Verständlichkeit in der Stimme.

Vom „e" zum „ä" Der Vokal „e" (wie im „See") ist also durch Öffnen des Kiefers bei gleichzeitig gehobener Zunge zu erzeugen. Um von dort zum „ä" (wie in „Ätsch") zu kommen, senken Sie die Zunge leicht ab.

Vom „i" zum „ü" Lassen Sie hingegen die Zunge gehoben und schließen den Kiefer ein wenig, dann entsteht das „i" (wie in „Stier"). Schließen Sie den Kiefer noch weiter (bei weiterhin gehobener Zunge), dann folgt das „ü".

Die Übung befasst sich einzeln zunächst mit der horizontalen und anschließend mit der vertikalen Dimension des Schaubildes. Sie werden dabei lernen, sich präziser auf die Vokale einzustellen und damit deutlicher sprechen.

Variante 1: Kiefer und Vokal

Erster Teil: Bestandsaufnahme
Der erste Teil entspricht dem der Übung *Hände,* wie er auf der Seite 99 beschrieben wurde.

Zweiter Teil: Übungsimpuls

Mit geschlossenem Mund beginnen Legen Sie sich auf den Rücken. Machen Sie es sich bequem. Summen Sie auf bequemer Tonhöhe mit geschlossenem Kiefer und geschlossenen Lippen. Sie hören ein „mm".

Die Lippen öffnen Lassen Sie dann während des Singens die Lippen sich öffnen. Was kommt bei sich öffnenden Lippen im Klang hinzu, das vorher verdeckt war? Wenn gar nichts hinzukommt, dann haben Sie die Zunge am Gaumen kleben.

Den Kiefer öffnen Lassen Sie dann auch den Kiefer sich ein wenig weiter öffnen. Nicht ganz, sondern nur ein kleines bisschen. Wiederholen Sie das fünf Mal. Beginnen Sie jeweils mit geschlossenem Mund, und öffnen Sie während des Singens den Kiefer ein kleines bisschen.

Machen Sie nun eine kleine Pause. Sie können jetzt Ihre Lage verändern, ein Bein oder beide Beine aufstellen oder aber beide Beine lang machen.

Lassen Sie bei den nächsten fünf Tönen den Kiefer ein wenig **Weiter öffnen**
weiter aufgehen als zuvor, aber noch immer nicht maximal,
allerhöchstens zwei Drittel der maximalen Öffnung – die maxi-
male Öffnung will nur der Zahnarzt! Beginnen Sie weiterhin
jedes Mal mit geschlossenem Mund, und öffnen Sie ihn langsam
und stetig im Verlauf des Singens.

Der Klang beginnt mit einem „mm", was kein Vokal ist. Sobald **„mm" oder „nn"**
sich die Lippen öffnen, ist ein Vokal zu hören – es sei denn, Sie
haben die Zunge am Gaumen kleben. In diesem Fall hörte man
zunächst eine Art „nn". Welchen Vokal können Sie bei geöffnetem Kiefer hören?

Wenn Sie sich darüber klar geworden sind, dann beobachten Sie: **Vokalfolge**
- Welcher Vokal ist als Erstes beim Öffnen der Lippen zu hören? **bestimmen**
- Welcher Vokal ist bei größter (aber nicht maximaler) Öff-
  nung zu hören?
- Welche Vokale liegen dazwischen?

Sie müssen bcim ersten Mal nicht alle dieser Fragen beantworten **Pause nach**
können. Die Übung hat, wie alle anderen auch, Potenzial. Wenn **zehn Minuten**
Sie sich zehn Minuten mit diesem Thema praktisch und bequem
liegend befasst haben, dann machen Sie eine Pause.

Beobachten Sie nun:
- Wie hat sich der Stimmklang insgesamt im Laufe der Übung
  verändert?
- Bei vielen wird die Stimme durch die Beschäftigung mit dem
  Kiefer ein bisschen weicher. Wie ist das bei Ihnen?
- Die Atmung wird ebenfalls typischerweise tiefer und weicher.
  Ist dies bei Ihnen auch der Fall?

Wenn Sie sich mit diesen Fragen beschäftigt haben, dann rollen **Auf die Seite rollen**
Sie sich auf eine Seite. Bleiben Sie einige Atemzüge lang auf der
Seite liegen, und ruhen Sie sich von der Rückenlage aus.

Kommen Sie erst dann ins Sitzen.

Kommen Sie erst dann ins Stehen.

Dritter Teil: Wahrnehmung der Unterschiede
Sprechen Sie noch einmal wie zu Beginn der Übung, und spüren
Sie den Unterschieden nach:

■ Welches sind die Unterschiede in Ihrer Kieferbewegung?
■ Welches sind die Unterschiede im Stimmklang?

**Perspektive
der Übung** Lernen Sie in der weiteren Beschäftigung mit dieser Übung, die
Bewegung des Kiefers glatter, fließender und langsamer zu machen. Ein Grund dafür, die zwischen Anfangs- und Endpunkt zu
hörenden Vokale auch tatsächlich zu hören, liegt in einer zu
schnellen und zu ruckartigen Bewegung des Kiefers. Werden Sie
also im Laufe der Zeit immer langsamer mit der Bewegung.

Variante 2: Zunge und Vokal

Zunge statt Kiefer Diese Variante hat denselben Ablauf wie die vorige. Während
sich aber die *Variante 1* mit der horizontalen Dimension des
Vokalkästchens befasst hat – also mit dem Öffnen und Schließen
des Kiefers –, ist hier die vertikale Dimension das Thema – also
das Heben und Senken der Zunge.

Andere Vokalfolge Folgen Sie zunächst den Anweisungen zur Übung *Das Vokalkästchen, Variante 1* auf S. 104. Beginnen Sie dann aber alle Töne
mit geöffnetem Mund. Wo in der vorigen Variante vom Öffnen
und Schließen der Lippen und des Unterkiefers die Rede ist,
heben und senken Sie die Zunge. Die Fragen zu den Vokalen sind
die gleichen. Die Vokale und die Vokalfolge, die Sie hören, sind
aber anders!

Übung 3: Stimmlos sprechen
Erster Teil: Bestandsaufnahme
Der erste Teil entspricht dem der Übung *Hände,* wie er auf der
Seite 99 beschrieben wurde.

Zweiter Teil: Übungsimpuls
Parallele im Lesen Diese Übung macht sich ein interessantes Stimmphänomen zunutze und hat eine interessante Parallele im Lesen: Die Verständlichkeit eines Textes wird durch das Weglassen der Vokale
weit weniger gestört als durch das Weglassen der Konsonanten.

Machen Sie die Probe aufs Exempel: Sie sehen hier nur die Konsonanten von vier bekannten deutschen Wörtern:

T_sch
m_ch_n
M_nn
Fr__

Konsonanten stiften Sinn

Haben Sie die Wörter erkannt?

Und hier sehen Sie nur die Vokale dieser Wörter:

_i___
_a__e_
_a__
__au

Wenn nur die Vokale bleiben, ist das gemeinte Wort kaum zu erkennen.

Nun sind Konsonanten (mit Ausnahme der „Klinger" wie „m", „n", „ng", „l", das stimmhafte „s" sowie „w") stimmlos. Die stimmlosen Konsonanten werden anders erzeugt, das heißt, die Stimmlippen schwingen nicht mit.

„Klinger" und stimmlose Konsonanten

Die stimmlosen Konsonanten lassen sich nochmals unterscheiden: Einige Konsonanten lassen sich lang sprechen, andere dagegen nur ganz kurz. Testen Sie es. Sprechen Sie diese Konsonanten lang:
„ch"
„ffff"
„sch"
„ssssss" (scharf)
„rrrrr"

Lang sprechbar

Und diese gehen nur kurz:
„g"
„k"
„t"
„d"
„p"
„b"

Kurz sprechbar

107

Das Beispiel oben zeigte, dass an den Konsonanten ein Großteil des verbal-rationalen Verständnisses hängt. Dies gilt auch im Sprechen.

Textarbeit Lesen Sie den folgenden Text von Heinrich von Kleist laut vor.

Anekdote *Bach, als seine Frau starb,*
sollte zum Begräbnis Anstalten machen.
Der arme Mann war aber gewohnt,
alles durch seine Frau besorgen zu lassen;
dergestalt, dass da ein alter Bedienter kam,
und ihm für Trauerflor, den er einkaufen wollte,
Geld abforderte,
er unter stillen Tränen,
den Kopf auf einen Tisch gestützt,
antwortete: „Sagt's meiner Frau."

Flüstern Flüstern Sie den Text dann einmal.

Beobachten Sie, um wie viel deutlicher im Flüstern die Konsonanten hervortreten. Die Stimmlippen schwingen fast gar nicht – und dennoch versteht man, was Sie sagen!

Nur die Vokale Lesen Sie den Text noch einmal, sagen Sie diesmal aber nur die Vokale.

Nur die stimmlosen Konsonanten Lesen Sie den Text erneut – diesmal sprechen Sie nur die stimmlosen Konsonanten (also kein „m" „n", „ng", „l", stimmhaftes „s" oder „w").

Hörbeispiele für das Sprechen der stimmlosen Konsonanten sowie für das Flüstern finden Sie auf der CD (Tracks 6 und 7). Mit ein bisschen Übung werden Sie auch das ungewohnte Sprechmuster (stimmlose Konsonanten) fließend beherrschen.

Erinnern Sie sich: Diese Klanganteile machen einen Großteil der Textverständlichkeit aus! Sprechen Sie also auch eigene Texte auf diese Art, um Gehör und Körper für die Artikulation besser einstellen zu können!

Lesen Sie den Text schließlich noch einmal „normal" vor, und fragen Sie sich dabei:

Normal lesen

■ Ist er jetzt verständlicher?
■ Sprechen Sie klarer oder weniger klar?
■ Was hat sich im Klang verändert?

Dritter Teil: Wahrnehmung der Unterschiede

Sprechen Sie dann noch einmal wie zu Beginn der Übung einen „Text", der in Ihrem beruflichen Alltag vorkommt und den Sie im Schlaf sagen können.

Beobachten Sie, welche der eben erfahrenen Veränderungen Sie im alltäglichen Sprechen wiederfinden.

Transfer in den Alltag

Übung 4: Buchstabensuppe

Diese Übung macht sich die Tatsache zunutze, dass Sie keinen isolierten Stimmapparat haben, sondern dass die Stimme eingebunden ist in tiefere Funktionen – zum Beispiel Essen und Trinken.

→ Ergänzende Informationen zu den primären Funktionen von Zunge, Lippe und Co. finden Sie im Kapitel *Hintergründe*.

Erster Teil: Bestandsaufnahme

Der erste Teil entspricht dem der Übung *Hände*, wie er auf der Seite 99 beschrieben wurde.

Zweiter Teil: Übungsimpuls

Die Übung zeigt einen Weg auf, um den spröden Begriff der Artikulation mit dem lustvollen der Lieblingsspeise zu verbinden – und das nicht nur auf mentaler, sondern auch auf körperlicher Ebene.

Artikulation und Lieblingsspeise

Material für diese Übung kann ein jeglicher Text sein, beispielsweise ein Vortrag, eine Begrüßung, obige Anekdote von Kleist – oder Ihr eigener Name. Letzteres ist interessant, weil am eigenen Namen ja etwas mehr „dranhängt" als an einer Aufstellung von historischen Fakten, Konjunkturzahlen oder Luftdruckverhältnissen in Autoreifen …

Der eigene Name?

4. Übungen zum Stimmkompass

Das erste Wort Sie müssen sich zunächst nur an das erste Wort Ihres Textes erinnern können. (Können Sie das nicht, wenden Sie sich bitte an einen Fachmann!)

Wählen Sie nun Ihr Wort aus.

Machen Sie es sich bequem.

Augen zu! Schließen Sie die Augen. Denken Sie an Ihre Lieblingsspeise:
- Wie sieht die aus?
- Welche Farben kommen vor?
- Ist sie heiß oder kalt?
- Ist sie flüssig oder fest?
- Essen Sie sie mit dem Löffel, der Gabel oder den Fingern?

Auswirkung der Vorstellung auf den Körper Stellen Sie sich Ihre Lieblingsspeise lebhaft vor. Beobachten Sie:
- Was geschieht während der Vorstellung in Ihrem Mundraum?
- Was geschieht mit Ihrer Zunge?

Essbewegung Beginnen Sie nun, andeutungsweise tatsächlich die Bewegung des Essens zu machen, die Sie ausführen würden, um Ihre Lieblingsspeise zu essen. Verschlucken Sie sich nicht!

Machen Sie dann eine kurze Pause, und beobachten Sie:
- Wie fühlt sich Ihr Mundraum jetzt an?
- Und wie das Gesicht?
- Wie die Zunge?
- Wie die Lippen?
- (Wie der Magen?)

Den ersten Buchstaben essen Machen Sie nun einmal kauend, schlürfend und essend die Bewegung, die nötig wäre für den ersten Buchstaben. Stellen Sie sich Ihre Lieblingsspeise in Form des ersten Buchstabens vor. Kauen und schmatzen Sie ihn so lange, bis der Buchstabe weich wird und Sie ihn schlucken können.

Das ganze Wort sagen Wenn Sie mit dem ersten Buchstaben fertig sind, sagen Sie einmal das ganze Wort, und beobachten Sie den Klang dieses ersten Buchstabens.

Wiederholen Sie das Wort zwei Mal, und beobachten Sie:
- Wie klingt das Wort?
- Wie viel Raum nimmt der erste Buchstabe darin ein?

Tun Sie dasselbe mit dem zweiten Buchstaben und so fort. Kauen, schlürfen und malmen Sie alle Buchstaben weich. Sprechen Sie jedes Mal, wenn Sie mit einem Buchstaben fertig sind, das ganze Wort.

Alle Buchstaben essen

Der Vorgang der Buchstabenformung wird dabei immer deutlicher. Beobachten Sie:
- Wie verändert das den Klang der Stimme?
- Wie deutlich können Sie dieses Wort zum Schluss aussprechen?

Deutlichere Formung

Dritter Teil: Wahrnehmung der Unterschiede
Sprechen Sie nun noch einmal den selben Text wie zu Beginn der Übung, und beobachten Sie:
- Wie klingt die Stimme jetzt?
- Wie viel bekommen Sie von Ihrem Sprechen jetzt mit?
- Welche (emotionale) Färbung hat das Sprechen dazugewonnen?
- Wie genau können Sie jetzt Ihre Bewegung für das Artikulieren bemerken?

Essen ist eine Sache, die man jeden Tag macht. Stimmtraining könnte für Sie auch zu solch einer alltäglichen Angelegenheit werden!

Alltäglich trainieren

4.5 Der Stimmkompass und die Ökologie des Lernens

Wenn Sie an einer Stimmeigenschaft zu arbeiten begonnen haben, dann nehmen Sie nach einer Weile eine Übung aus einem anderen Bereich mit hinzu. In den körperlichen Prozessen, die die Stimme erzeugen, ist Balance der entscheidende Punkt. Es lohnt sich, eine solche Balance auch auf der Ebene des Übens zu suchen.

Balance ist wichtig

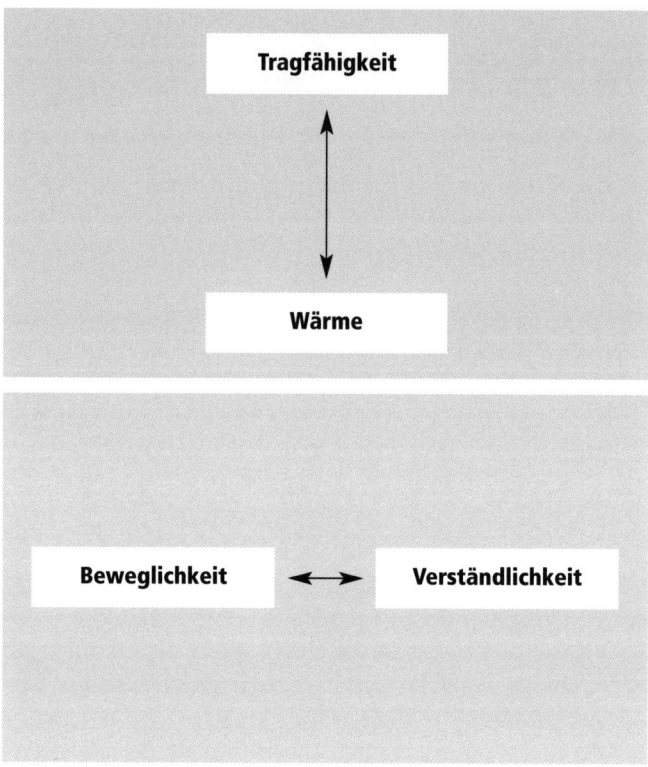

Wenn Sie an Übungen aus zwei Bereichen arbeiten, dann nehmen Sie eine Übung aus einem dritten Bereich hinzu.

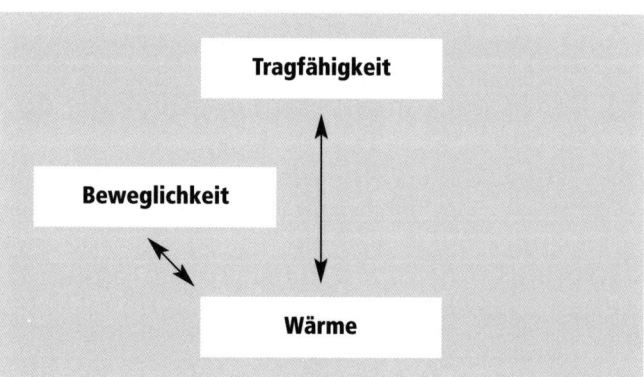

Und vervollständigen Sie die vier Einzelrichtungen zu einem geschlossenen Kreis und damit zu einem universalen oder globalen Bild Ihrer Stimme!

Den Kreis schließen …

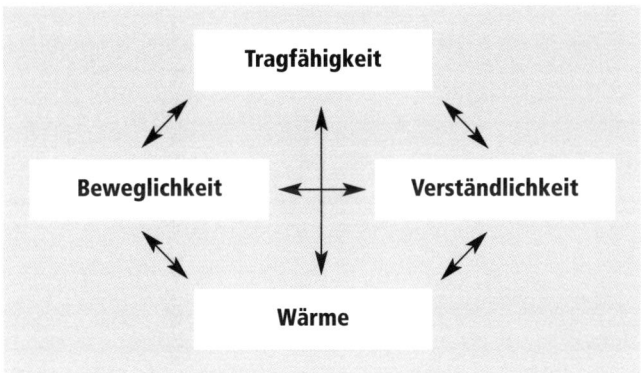

Die einzelnen Elemente gewinnen durch den Zusammenhang mit den anderen. Die Entwicklung eines Aspektes geht dann auch nicht auf Kosten eines anderen, die ökologische Balance bleibt gewahrt. Dies ist Voraussetzung dafür, dass sich das Neue als Teil Ihrer selbst integriert – und damit selbstverständlich wird.

… damit das Neue selbstverständlich wird

113

5. Gähnstopp!
Vortragskunsträtsel
enträtselt

Als Erklärung für einen langweiligen Vortrag wird oft genannt, der Inhalt sei eben nicht sonderlich interessant. Bei trockenen Zahlen oder der tausendsten Wiederholung desselben Themas sei die Katastrophe quasi unausweichlich. Langweiliger Inhalt plus gelangweiltem Sprecher gleich Tal der Ödnis.

Tal der Ödnis

Dass es interessantere und weniger interessante Inhalte gibt, mag sein. Das bedeutet aber nicht zwangsläufig, dass der Vortrag dieses Inhaltes gleichfalls langweilig sein muss.

Eine beliebte Schauspiellegende besagt, dass X, ein großartiger Vertreter seiner Zunft, anlässlich eines Bühnenballs, auf dem es ein Festprogramm mit buntem Abend gab, das werte Publikum mit der Rezitation des örtlichen Telefonbuches eine geschlagene Stunde lang trefflich unterhalten haben soll: Zuerst bittend und bis zur Verzweiflung flehend, dann wütend bis zum schäumenden Exzess und schließlich resignierend matt. Dass der Inhalt dabei nur Namen und Vornamen waren – und er soll sogar nur bis zum „D" gekommen sein! –, war völlig nebensächlich …

Das spannende Telefonbuch

Hierin liegt ein großes Geheimnis der Kunst des Vortrags: Inhalt und Form sind *nicht* identisch. Was sich dem Zuhörer vermittelt, ist die Haltung, die Sie zum Gesagten haben. Langweilt Sie das Gesagte, kann der Inhalt von Shakespeare stammen – und selbst Shakespeare wird langweilig sein. Die Frage ist also die nach der inneren Haltung oder Einstellung zum Inhalt und zum Zuhörer.

Ihre Haltung vermittelt sich

Sprechhaltung
Inhalt

Hegel hassen So kann beispielsweise gerade ein Inhalt, mit dem Sie nicht einverstanden sind und gegen den Sie sich innerlich sträuben, für einen Vortrag äußerst interessant werden – wenn Sie die Zuhörer an Ihrem Ringen mit dem Inhalt teilhaben lassen. In der Schule machte der Philosophielehrer unsere komplette Klasse zu Hegel-Fans, weil er zu Beginn der Lektüre der *Phänomenologie des Geistes* gestand, Hegel weder zu mögen noch zu verstehen.

Die Haltung So etwas funktioniert aber nur, wenn die Haltung (hier das
muss ehrlich sein Ringen mit Hegel) ehrlich ist. Kokettieren mit Haltung ist durchschaubar, und die Annahme, sie seien so leicht „rumzukriegen", verletzt den Stolz der Zuhörer. Der billige Trick wird einem dann zu Recht übel genommen. Das zeigt sich klassisch bei Pädagogen, die sich Jugendlichen annähern wollen, indem sie deren Sprachjargon übernehmen – das ist entweder an sich peinlich oder scheitert daran, dass der werte Mann angeblich coole Begriffe verwendet, die seit zehn Jahren schon nicht mehr im Gebrauch sind.

Die Arbeit an der Sprechhaltung hat nichts mit oberflächlicher Trickserei zu tun, sondern mit dem Verfeinern der Vortragskunst. Am Anfang steht die Klärung der eigenen Haltung zum Inhalt. Der Grund dafür liegt nicht bei Ihnen, sondern beim Zuhörer.

Der Zuhörer hat ein Recht auf einen interessierten und engagierten Sprecher!

Sie haben verschiedene Optionen, um aus einem Gähner einen Ohrenspitzer zu machen, ohne sich dabei zu verbiegen.

5.1 Übung 1: Transfer von Sprechhaltungen

Spannendes Sprechen Sie über etwas, das zu erzählen Ihnen Freude bereitet
Thema wählen bzw. Spaß macht. Der Inhalt ist im Moment ganz nebensächlich. Wenn Sie Einschlafgeschichten für Ihr Kind spannend erzählen

können, dann beginnen Sie jetzt einmal eine solche Erzählung. Wenn Sie sich über Sport ereifern können, tun Sie es jetzt. Vielleicht gibt es ein Lieblingsthema aus Politik oder Wirtschaft, das Sie auf die Palme bringt – dann betreten Sie den Aufzug bitte in diesem Moment. Wählen Sie einen Inhalt, der Sie nicht kalt lässt.

Sprechen Sie darüber eine Minute lang. Machen Sie dann eine Pause.

Sprechen Sie jetzt über ein grottenlangweiliges Thema – ebenfalls eine Minute lang.

Langweiliges Thema wählen

Vergleichen Sie die beiden Vorträge in puncto Lebendigkeit im Sprechen:
- Wo gestikulieren Sie mehr?
- Wo sprechen Sie dynamischer?
- Wo sind Ihre Äußerungen bewegter?

Sprechhaltungen vergleichen

Konzentrieren Sie sich nun auf Ihre Sprechhaltung:
- Wie würden Sie die Haltung bezeichnen, die Sie dem spannenden Thema gegenüber haben? Sind Sie begeistert? Abgestoßen? Fasziniert? Empört?
- Oder gibt es ein anderes Wort, das Ihre eben gezeigte Haltung charakterisiert?

Sprechhaltung bezeichnen

Wie gesagt: Die Zuhörer haben ein Recht auf einen interessierten Sprecher! Sprechen Sie also noch einmal über die langweilige Sache – aber diesmal mit der anderen Haltung. Das darf ruhig ziemlich ungewohnt sein! Je ungewohnter, desto besser – und auch: desto interessanter für den Zuhörer.

Sprechhaltung transferieren

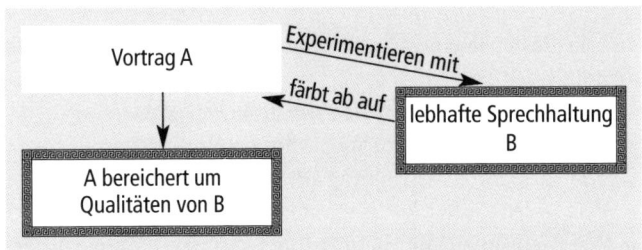

Schon der Versuch lohnt sich Unabhängig davon, wie viel Sie diesmal von der emotionaleren Sprechhaltung übertragen konnten: Wie hat allein der *Versuch* den Charakter Ihres Vortrags verändert?

Zusammenfassung

■ Variabilität in der Haltung beginnt mit der Entscheidung für den Zuhörer.

■ Sie verfügen über Sprechhaltungen, die es dem Zuhörer leichter machen, Ihnen zu folgen.

■ Wählen Sie eine solche Haltung für eine Sprechsituation, die für Sie selbst wenig prickelnd ist.

Das Prickeln spüren ■ Beobachten Sie, wie das Prickeln zu Ihnen zurückkommt.

5.2 Übung 2: Neugier und andere Haltungen

Wenn einmal die Trennung zwischen Form und Inhalt sowie die Vermittlerrolle der Haltung erkannt ist, gibt es keine Grenzen mehr für Varianten dieses Themas. Zum einen können Sie Ihr eigenes, schon vorhandenes Repertoire an Haltungen durchforsten und damit spielen. Zum anderen können Sie sich umschauen, mit welchen Haltungen andere Leute arbeiten. Ob diese Haltungen bewusst oder unbewusst gewählt sind, spielt dabei keine Rolle.

■ **Jeder hat eine Haltung zu dem, was er tut.**

Erster Teil: Bestandsaufnahme

Fragen Sprechen Sie etwas, das Sie gewohnt sind zu sprechen, also beispielsweise den Beginn eines Vortrags oder eines Unterrichts. Tun Sie das etwa eine Minute lang, und beantworten Sie dann die folgenden Fragen:

■ Welche Haltung haben Sie beim Sprechen gezeigt?

■ Wie hat diese Haltung Ihre Stimme beeinflusst?

■ Wie wirkte sich die Haltung auf das Sprechtempo aus?

■ Was waren die Wirkungen mit Blick auf Ihre Beweglichkeit?

■ Wie beeinflusste die Haltung Ihre Gestik und Mimik?

Der Anfangszustand ist der Bezugspunkt für den dritten Teil der Übung. Lassen Sie sich für die Beantwortung jeder Frage Zeit. Sie müssen nicht zu allen genannten Fragen Antworten haben; das Bild darf weiße Flecken enthalten.

Antworten sind Bezugspunkt

Zweiter Teil: Übungsimpuls

Probieren Sie einen oder mehrere der folgenden Vorschläge zur Haltung aus, und übertragen Sie diese auf Ihren eben gehaltenen Vortrag.

Die variabelste und offenste Haltung ist die *Neugier*. Seien Sie neugierig auf den Vortrag, den Sie selber halten, auf das Gespräch, das Sie führen werden, auf die bevorstehende Präsentation. Stellen Sie sich vor Beginn ganz explizit einige Fragen. Schreiben Sie diese handschriftlich auf Ihr Manuskript oder auf einen Extra-Zettel auf.

Neugier

Solche Fragen könnten lauten:

Mögliche Fragen

- Was wird heute anders laufen, als ich es erwarte?
- Was werde ich heute anders machen als sonst?
- An welcher Stelle des Vortrags werde ich mich ganz wohl fühlen?
- Wann werde ich „warm" mit den Zuhörern sein?
- Wann wird mir meine Stimme anfangen, Spaß zu machen?

Eine weitere Haltung ist die des *Fanatikers*. Für *jedes* Fachgebiet finden sich Fanatiker. Haben Sie schon einmal gehört, wie passionierte Angler über Regenwürmer sprechen? Überlegen Sie, wen ein Vortrag, den Sie halten, oder ein Text, den Sie üblicherweise sprechen, elektrisieren würde. Stellen Sie sich vor, wie dieser Mensch das Gleiche, was Sie eben dahergeleiert haben, sagen würde. Es könnte sich auch um einen Experten auf dem Gebiet handeln, der hier die jüngsten Ergebnisse seiner Forschung darlegt.

Der Fanatiker

Wenn Sie sich das gut vorstellen können, dann beginnen Sie Ihre Rede noch einmal tatsächlich, und behalten Sie etwas von der Vorstellung im Hinterkopf. Beobachten Sie, wie das Ihren Vortrag verändert.

Veränderter Vortrag

Der Star und seine Fans Sie können es auch umdrehen und sich vorstellen, als *Star* zu lauter Fans oder Fanatikern der Materie zu sprechen: Mit Begeisterung wird jeder Hauch, jede Andeutung, jeder Mucks von Ihnen aufgenommen und begeistert gefeiert. Beobachten Sie, wie das Ihren ach so langweiligen Vortrag verändert.

Der Genervte Auch der Gegenpol ist interessant zum Lernen. Verstärken Sie einmal die Langeweile, die ein bestimmtes Thema in Ihnen auslöst. Seien Sie regelrecht *genervt* von jedem Satz, angewidert von jedem Wort, jeder Silbe, die Sie über die Lippen bringen müssen. Quälen Sie sich einmal absichtlich, und spüren Sie:

- Geht das?
- Können Sie die genervte Haltung noch etwas verstärken?
- Wo ist die Grenze, an der sich die Übertreibung nicht weiter steigern lässt?

Sprechen Sie danach wieder „normal" über dasselbe Thema, und nehmen Sie wahr:

- Geht das noch? Können Sie zur Normalität zurückkehren?
- Was ist im Sprechen anders im Vergleich zu vorher?

Quer zur Erwartung Mit der genervten Haltung spielen manche Sprecher (und viele Comedians) ganz bewusst. Sie stellen sich damit von Anfang an quer zur üblichen Erwartung an den, der im Fokus steht, das heißt quer zu der Erwartung, ständig gut drauf sein zu müssen, professionell interessiert, eine permanente Stimmungskanone. Denn wer ist das schon? Wer erfüllt diesen Anspruch tatsächlich? Und wie oft will uns jemand dennoch glauben machen, es sei die schönste Sache der Welt, ausgerechnet jetzt hier zu stehen und „Guten Tag, meine Damen und Herren" zu sagen?

Gesunde Muffligkeit Eine gesunde Muffligkeit kann da wesentlich sympathischer sein. Und siehe da – durch die Reaktionen, die diese Haltung provoziert, kommt Leben in die Bude, und ganz langsam fängt es doch an, Spaß zu machen. Wer zuerst tiefstapelt, hat auf jeden Fall noch Luft nach oben.

Tiefstapeln Ähnlich wie die emotionale Tiefstapelei funktioniert die fachliche Tiefstapelei. Hierbei nimmt einer seinem Fachgebiet gegenüber die Haltung eines Laien an. Das kann durchaus ganz offen geschehen und ist als Mittel erlaubt. Dabei versetzt man sich in einen von der Sache völlig Unbefleckten hinein – in jemanden, der noch weniger Ahnung davon hat als der Ahnungsloseste im ganzen Saal. Zu wissen, dass es jemanden gibt, dessen Licht noch weiter abgedimmt ist als das eigene, ist ein echter Trost.

Die neugierige, fanatische, genervte, mufflige und tiefstapelnde Haltung sind nur einige wenige Beispiele für mögliche Sprechhaltungen. Welche weiteren Haltungen fallen Ihnen ein? Spielen Sie die Haltungen durch, die Ihnen nun in den Sinn kommen.

Weitere Haltungen

Dritter Teil: Wahrnehmung der Unterschiede
Wenn Sie noch einmal „ganz normal" sprechen, dann können Sie jetzt vielleicht, vor dem Hintergrund der anderen Sprechhaltungen, deutlicher sehen, dass auch die gewohnte, Ihnen zuvor unauffällige Art des Vortrags, nur *eine* bestimmte aus vielen möglichen Sprechhaltungen ist!

Sprechhaltung Neugier

„Wie lange dauert es eigentlich genau, bis ich mit den Zuhörern ‚warm' bin?"

„An welcher Stelle des Vortrags werde ich mich ganz wohl fühlen?"

„Bin gespannt, was heute schief geht."

Inhalt

„Mal sehen, was heute genauso abläuft wie immer!"

„Mal schauen, was ich heute anders mache als sonst."

„An welchen Stellen werde ich wohl Spaß mit meiner Stimme haben?"

121

5.3 Entscheiden Sie sich für Ihre Zuhörer!

Die Haltung zu einer gegebenen Situation und zu einem feststehenden Inhalt ist variabel. Beim Spielen damit geht es an erster Stelle um die Entwicklung der Flexibilität und nicht um das Programmieren einer bestimmten „richtigen" Haltung. Die eine, „richtige" Haltung gibt es nicht. In der Beweglichkeit liegt das Geheimnis.

Beobachten Sie andere Menschen in Bezug auf deren Haltungen zu dem, was sie gerade tun. Und: Entscheiden Sie sich *immer* für Ihre Zuhörer! Die haben ein Recht auf einen interessierten, lebendigen, risikofreudigen und wachen Sprecher!

6. Stehen und Standing

Die Qualität des Stehens gibt den Rahmen vor für die Qualität jeglicher Handlung, die Sie im Stehen ausführen – also auch für das Sprechen, Überzeugen, Präsentieren und Lehren.

Sie stehen nicht so frei, wie Ihre körperliche Struktur – Nervensystem, Skelett und Muskeln – das erlauben würden. Die Art, wie Sie sich aufrecht halten, ist eine Gewohnheit. Das, was Sie im Stehen überflüssigerweise (und gewohnheitsmäßig) anspannen, können Sie nicht mehr spontan für das Atmen, das Sprechen oder die Gestik einsetzen. Jedes Kommunikationsthema – wie etwa Durchsetzungsfähigkeit, Standfestigkeit, Beweglichkeit, Ruhe – ist deshalb letztlich (oder zuallererst) ein Thema des Körpers.

Einschränkende Gewohnheiten

Eine Präsentation oder ein Vortrag werden typischerweise stehend gehalten. Und selbst bei Gesprächen am Tisch gibt es den Moment, in dem Sie den Raum betreten und stehen – den wichtigen ersten Augenblick –, bevor Sie sich setzen. Man spricht in diesem Zusammenhang auch von der *Präsenz* eines Menschen.

Die Präsenz eines Menschen

In diesem Kapitel erfahren Sie die positiven Auswirkungen eines verbesserten *Stehens* auf Ihre *Stimme* und auf Ihre Beziehung zum *Raum*. Diese drei Faktoren machen den Begriff der Präsenz oder des Standings aus.

Faktoren der Präsenz

6.1 Psychologie und Physiologie

Die Art, wie jemand steht, wie er sich aufrecht hält, vermittelt sich Ihnen nur in Ausnahmefällen bewusst – unbewusst und gefühlsmäßig nehmen Sie sie aber sehr wohl war. Diese Art ist Teil der Präsenz, die jemand hat, und findet Niederschlag in scheinbar psychologischen Beschreibungen einer Person als „locker" oder „steif", „gehemmt" oder „impulsiv", „langsam" oder „fix", „hibbelig" oder „ruhig", „introvertiert" oder „extrovertiert" usw.

Scheinbar psychologische Merkmale

6. Stehen und Standing

Metapher als Werkzeug Wenn Sie sich die eben benutzten Adjektive genauer anschauen, dann werden Sie bemerken, dass die meisten von ihnen Beschreibungen eines körperlichen Zustands sind. Erst im zweiten Schritt werden aus diesen körperlichen Gegebenheiten (mittels des sprachlichen Werkzeugs der Metapher) psychische Eigenschaften.

Psychologie ist von Physiologie nicht zu trennen.

Stehen ist komplex Stehen ist eine komplexe Tätigkeit. Das fällt Ihnen aber meistens gar nicht auf. Stehen ist sogar gefährlich. Das merken Sie vor allem dann, wenn Sie mal

- stolpern (Kinderspielzeug unordentlich verteilt auf dem Fußboden),
- rutschen (der Bananenklassiker),
- straucheln (Waldlauf) oder
- glitschen (vereiste Straße).

Oft mündet dies im freien Fall, und der ist schmerzhaft.

Hierarchie im Körper Vorrangig ist es für den Körper wichtig, nicht umzufallen. Andere Funktionen sind dem untergeordnet. Das hat zur Folge, dass eine suboptimale Organisation im Stehen zugleich eine suboptimale Organisation für das Sprechen vorgibt. Auf der Ebene des Sprechens allein kann diese nicht gelöst werden, da sie ja nachgeordnet ist. Mit anderen Worten: Dem Körper ist es wichtiger, dass er sich keinen Knochen bricht, als dass er einen Vortrag flüssig über die Lippen bringt.

Wer seine Stimmfunktionen und seinen kommunikativen Ausdruck verbessern will, der muss sein Stehen verbessern.

124

6.2 Stehen und Standing

Stehen ist also gefährlich – nur, wer sein Leben im Liegen verbringt, wird nie fallen. Der Körper muss ein Leben lang mit der Frage der Schwerkraft, die nach unten zieht, umgehen und in jedem Moment eine Antwort darauf finden. Die Art und Weise, wie der Körper antwortet, enthält neben rein *mechanischen* Aspekten auch eine Komponente, die – wie oben beschrieben – von außen als Ausdruck einer *psychischen* Eigenschaft gedeutet und von innen als Lebensgefühl empfunden wird.

Antwort auf die Schwerkraft

Beide Komponenten zusammen könnte man als *Standing* bezeichnen: als den Stand, den jemand im Leben, in seinem Beruf, in einer bestimmten Situation hat – im buchstäblichen wie im übertragenen Sinne. Standing ist das Erste, was Ihnen an einer Person auffällt, die Sie zum ersten Mal sehen und hören, beispielsweise wenn sie den Raum betritt.

Standing fällt auf

Intuitiv nehmen Sie wahr, wie wohl sich der andere
1. in seiner Haut und
2. in genau dieser Situation fühlt.

Betreten Sie einen Raum, in dem große Trauer herrscht, dann werden Sie die Beklemmung auch in sich spüren. Ihr Stehen verändert sich: Es wird weniger frei. Einen Raum voller herzlicher und lachender Menschen zu betreten, wird sich dagegen auf ganz andere Weise auf Ihr eigenes Stehen auswirken.

Inwieweit Sie aber überhaupt in der Lage sind, auf die Umstände zu reagieren und dann auch Ihre Reaktion oder Antwort auf diese Situation auszuwählen, hängt stark davon ab, wie frei Ihr Stehen ist. Die meisten Menschen halten den Atem gewohnheitsmäßig an und stehen weniger frei, als es Muskulatur, Skelett, Gehirn sowie Schwerkraft zulassen würden. Auch der Stimme wird der potenzielle Freiheitsgrad durch das Stehen vorgegeben.

Freiheitsgrade im Stehen

➜ Im Kapitel *Hintergründe* erfahren Sie unter dem Stichwort *Primärfunktion* mehr zum Thema *Hierarchien im Körper*.

125

Übung: Lagen und Atmung

Diese Übung verdeutlicht die Hierarchie im Körper. Der Körper ist zuallererst damit beschäftigt, nicht umzufallen. Alle anderen Funktionen passen sich dem an.

Atembewegung …
… im Stehen

Nehmen Sie Ihre Atembewegung im Stehen wahr:
- Wo genau können Sie Bewegung für das Atmen bemerken?
- Wie ist der Rhythmus des Atmens? Gleichmäßig? Ruhig?
- Ist es schwer oder leicht, Antworten auf diese Fragen zu finden?

… im Liegen

Legen Sie sich nun hin, oder lümmeln Sie sich in einen Sessel. Machen Sie es sich bequem. Beobachten Sie in dieser Position die Bewegungen für das Atmen:
- Wenn Sie eine Zeit lang so bequem ruhen – wie läuft die Atmung dann? Ruhiger? Langsamer?
- Wo können Sie die Atmung bemerken?
- Fällt es Ihnen im Liegen schwerer oder leichter, die Atmung zu beobachten?

… und auf einem
Bein

Nun stellen Sie sich noch einmal hin, diesmal aber auf *ein* Bein. Beobachten Sie:
- Wie reagiert die Bewegung für das Atmen darauf?
- Ist die Atmung noch ruhig und einfach?
- Wie ist es um die Gleichmäßigkeit des Rhythmus bestellt?

Wenn Sie den Effekt noch verstärken wollen, schließen Sie die Augen und heben Sie die Arme über den Kopf.

6.3 Die Qualität des Stehens gibt den Rahmen vor

Die Atmung passt sich dem Aufwand für die Aufrichtung an, der größer wird, je kleiner die Kontaktfläche des Körpers mit dem Boden ist. Es ist zugleich ziemlich schwer, die Atmung im einbeinigen Stehen so ruhig laufen zu lassen wie im angelehnten Sitzen oder im Liegen. Gleichzeitig ist genau *das* letztlich das Ziel.

Je mehr Unterstützung der Körper erfährt, desto sicherer ist er, und das bedeutet, er hat mehr Wahlmöglichkeiten. Entspannungsübungen, Feldenkrais-Lektionen und die Alexander-Technik machen sich diese Tatsache zunutze ebenso wie die folgende Übung, in der Sie lernen, etwas von der Unterstützung, die der Körper im Liegen hat, ins Stehen zu übertragen. Die verbesserte Aufrichtung im Stehen hat eine verbesserte Stimmfunktion zur Folge.

Unterstützung und Wahlmöglichkeiten

Übung: Unterstützung

Diese Übung nutzt die Unterstützung des Bodens für das Stehen und verbessert die Beziehung zum Raum – und damit Ihr Standing. Für diese Übung brauchen Sie Platz, um sich auf den Boden zu legen. Ist der Boden hart oder kalt, besorgen Sie sich am besten noch eine Decke bzw. eine nicht zu weiche Matte.

Bessere Beziehung zum Raum

Erster Teil: Bestandsaufnahme
Stehen Sie. Schließen Sie die Augen. Beobachten Sie innerlich:
- Wie viel Raum haben Sie in sich?
- Wo haben Sie in sich am meisten Raum?
- Welche Körperräume können Sie gut wahrnehmen?
- Wo fühlen Sie sich am engsten?
- Welche Räume können Sie weniger gut wahrnehmen?

Innere Räume wahrnehmen

Öffnen Sie die Augen. Beobachten Sie, ohne den Kopf oder die Augen weit zu bewegen:
- Wie viel Raum haben Sie im Zimmer?
- Wie weit können Sie in den Raum hineinfühlen?
- Wie weit nach vorn?
- Wie weit nach rechts?
- Wie weit nach links?
- Wie weit nach hinten?
- Wie weit nach oben?

Äußeren Raum wahrnehmen

Summen Sie. Wiederholen Sie den Ton fünf Mal. Beobachten Sie dabei:
- Wo können Sie den Klang in Ihrem Körper wahrnehmen?
- In welchen Räumen?
- In welchen nicht?

Fünf Mal Summen

6. Stehen und Standing

Körper und Raum
nach rechts, links,
vorn, hinten,
oben und unten

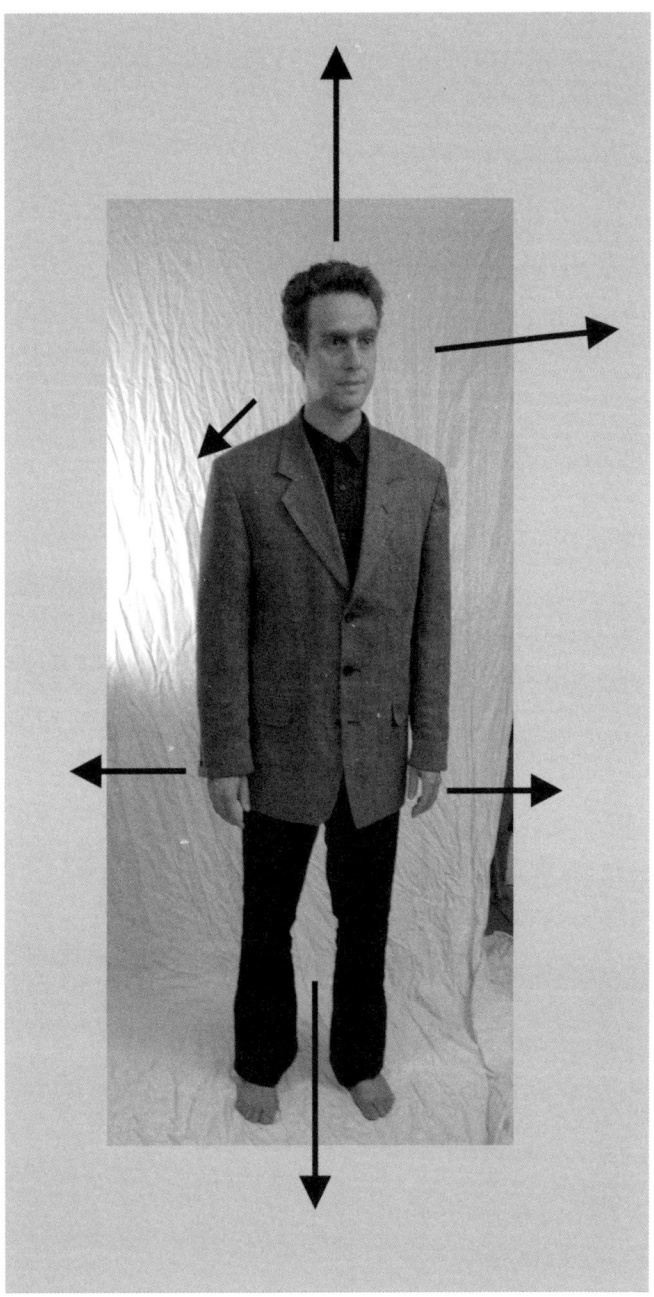

Zweiter Teil: Übungsimpuls

Legen Sie sich in Rückenlage auf den Boden. Beobachten Sie innerlich: Welche Körperteile sind im Kontakt mit dem Boden? Erstellen Sie in Gedanken eine Liste der Bereiche, die Sie am Boden aufliegen spüren.

Weiter im Liegen

Wenn Sie diese Liste im Kopf haben, nehmen Sie wahr:

Kontaktliste

- Welche Körperteile spüren Sie *nicht* auf dem Boden aufliegen?
- Welche Körperteile können Sie überhaupt nicht wahrnehmen?

Summen Sie einen Ton. Wiederholen Sie das fünf Mal. Machen Sie nun eine Pause.

Beobachten Sie, was das Summen an Ihrem Kontakt mit dem Boden verändert hat:

Veränderung des Bodenkontaktes

- Liegt jetzt mehr oder weniger von Ihrer Rückseite auf dem Boden auf?
- Ist der Kontakt nun eher härter oder eher weicher?
- Sind die Flächen größer oder kleiner geworden?

Summen Sie fünf weitere Male, und beobachten Sie:

Klang im Körper

- Wo können Sie die Klänge jetzt in sich wahrnehmen?
- Klingen die Töne eher härter oder eher weicher?

Beobachten Sie abschließend Ihren Kontakt mit dem Boden, und vergleichen Sie die Beobachtungen mit denen zu Beginn der Übung. Wie hat sich der Kontakt im Laufe der Übung verändert?

Abschließendes Bild

Nehmen Sie sich vor, möglichst viel von dem, was Sie jetzt von Ihrer Rückseite wahrnehmen können, auch im Stehen wahrzunehmen.

Rollen Sie sich dann auf die eine Seite, und bleiben Sie dort für fünf Atemzüge liegen.

Kommen Sie dann ins Sitzen, und bleiben Sie so fünf Atemzüge lang.

Ins Stehen kommen

Dritter Teil: Wahrnehmung der Unterschiede

Kommen Sie ins Stehen, korrigieren Sie nicht Ihre Kleidung, oder Ihre Haltung, sondern beobachten Sie:

- Raum
  - Wie viel Raum haben Sie *jetzt* in sich?
  - Welche Körperregionen können Sie jetzt wahrnehmen, die Sie zu Beginn im Stehen überhaupt nicht wahrnehmen konnten?
  - Wie viel Raum haben Sie im Zimmer?
- Richtung
  - Wie weit können Sie jetzt in den Raum hineinfühlen?
  - Wie weit nach vorn?
  - Wie weit nach rechts?
  - Wie weit nach links?
  - Wie weit nach hinten?
  - Wie weit nach oben?

Sprechvergleich

Sprechen Sie. Wie klingt Ihre Stimme jetzt im Vergleich zu dem, wie sie normalerweise bzw. gewohnheitsmäßig klingt?

Übung: Rotation

Bei dieser Übung drehen Sie sich unterschiedlich weit in eine Richtung. Sie spüren und verändern Ihr Stehen und Ihren Bezug zum Raum, was sich wiederum auf Ihr Standing auswirkt.

Nicht denken, nur reden

Erster Teil: Bestandsaufnahme

Um eine Idee von Ihrem momentanen Stimmklang zu bekommen, sprechen Sie eine Minute lang über etwas, worüber Sie nicht lange nachdenken müssen.

Spüren Sie dabei:

- Wo im Körper konnten Sie Ihre Stimme wahrnehmen?
- Wie klang die Stimme im Raum?
- Wie war der Aufwand für das Sprechen?

Grobe Vorstellung bekommen

Wenn Sie sich im Beantworten dieser Fragen unsicher sind, dann sprechen Sie noch einmal eine Minute lang, bevor Sie mit der Übung fortfahren. Bekommen Sie zumindest eine grobe Vorstellung von Ihrem Ausgangszustand.

Zweiter Teil: Übungsimpuls

Stehen Sie. Schließen Sie die Augen. Beobachten Sie innerlich: **Raum wahrnehmen**
- Wie viel Raum haben Sie in sich?
- Wo haben Sie in sich am meisten Raum?
- Welche Körperräume können Sie gut wahrnehmen?
- Wo fühlen Sie sich am engsten?
- Welche Räume können Sie weniger gut wahrnehmen?

Öffnen Sie die Augen. Schauen Sie ein wenig nach rechts, und bewegen Sie sich wieder zur Mitte zurück.

Machen Sie diese Bewegung drei Mal. Gehen Sie bei der Drehung nur so weit, wie es ganz bequem möglich ist. Sinn ist es dabei nicht, dass Sie etwas dehnen, sondern dass Sie den Bewegungsradius finden, in dem Sie sich völlig mühelos bewegen können. **Bequemen Radius finden**

Machen Sie die Bewegung noch einmal, und beobachten Sie dabei, wohin Sie schauen, wenn Sie sich so nach rechts drehen. Was sehen Sie, worauf schauen Sie, wenn Sie sich nach rechts gedreht haben? Merken Sie sich den Gegenstand oder den Punkt im Raum, und kehren Sie wieder zur Mitte zurück. **Blickpunkt im Raum merken**

Schließen Sie die Augen, und verlangsamen Sie die Bewegung. Werden Sie mit jedem Mal einen Tick langsamer im Drehen nach rechts und auch im Zurückkehren zur Mitte. Wie langsam können Sie im Moment werden? Arbeiten Sie an der Langsamkeit, wenn Sie diese Übung später wiederholen. **Bewegung verlangsamen**

Bleiben Sie einen Moment in der Mitte stehen. Beginnen Sie dann noch einmal mit der langsamen Drehbewegung, und beobachten Sie mittels der folgenden Fragen: **Bewegung als Bewegungsfolge**
- Ab wann drehen sich die Schultern mit nach rechts?
- Ab welchem Drehwinkel *müssen* die Schultern nach rechts mitgehen?
- Wann kommt die Drehbewegung im Bauch an?
- Ab wann bewegen Sie das Becken mit?
- Von welchem Punkt an verlagert sich das Gewicht auf den Füßen?

Gegenprobe Probieren Sie dann Folgendes:

- Wie weit können Sie sich nach rechts drehen, ohne den Hals mitzubewegen?
- Um wie viel kommen Sie weiter, wenn der Hals mitgeht?
- Um wie viel kommen Sie weiter nach rechts, wenn Sie die Schultern und Arme sich mitbewegen lassen? Probieren Sie auch aus, inwieweit das Fixieren von Schultern und Armen die Beweglichkeit nach rechts einschränkt.

Hüfte und Becken Werden Sie sich über den Unterschied klar. Betrachten Sie dann das Becken:

- Bleiben Hüfte und Becken unbewegt, oder bewegen sie sich mit?
- Wie viel Drehradius steckt in der Hüfte?

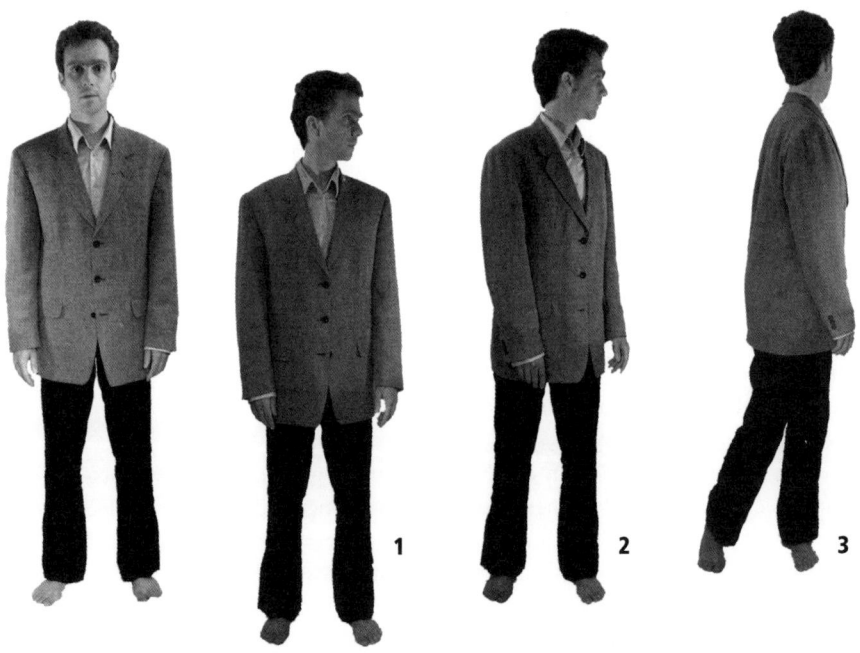

Der Drehradius vergrößert sich, je mehr Körperteile an der Drehung beteiligt sind: 1: nur Kopf und Hals; 2: plus Schultern; 3: plus Becken, Beine und Füße

Um die Fragen zu beantworten, lassen Sie das Becken beim Drehen einmal bewusst unbewegt, und drehen Sie es anschließend einmal mit nach rechts. Registrieren Sie, um wie viel Sie weiter nach rechts kommen, wenn Sie das Becken mitbewegen.

Achten Sie nun auf Ihre Füße: Was verändert sich in den Füßen, wenn sich das Becken mit nach rechts dreht?

Drehen Sie sich dann noch einmal mit geschlossenen Augen nach rechts, indem Sie Kopf, Hals, Schultern und Arme sowie das Becken nach rechts rotieren und dabei das Gewicht mehr auf den rechten Fuß verlagern. Bleiben Sie dann nach rechts gedreht.

Der ganze Körper rotiert

Öffnen Sie die Augen:
- Wohin im Raum schauen Sie jetzt?
- Wo ist im Vergleich dazu der Punkt, zu dem Sie zu Beginn der Übung geblickt hatten?
- Was ist der Unterschied?

Summen oder singen Sie dann im Ausatmen jedes Mal einen Ton auf bequemer Tonhöhe – nicht zu hoch, nicht zu tief.

Summen auf bequemer Tonhöhe

Begleiten Sie nun die Drehungen nach rechts und auch das Zurückdrehen zur Mitte mit summenden Tönen.

Werden Sie jeweils lauter mit dem Summen. Das bedeutet: Sie beginnen jedes Mal relativ leise und werden dann im Vergleich zu dem leisen Beginn lauter. Beginnen Sie beim nächsten Mal wieder leise.

Lauter werden

Spüren Sie:
- Ist es leichter, im Nach-rechts-Drehen lauter zu werden?
- Oder ist es auf dem Weg zurück zur Mitte leichter?

Bleiben Sie einmal nach rechts gedreht, und summen Sie in dieser Position. Werden Sie im Summen lauter. Wiederholen Sie dies drei Mal. Bewegen Sie sich dann langsam zur Mitte zurück.

Nach rechts gedreht bleiben

Machen Sie jetzt eine Pause.

Dritter Teil: Wahrnehmung der Unterschiede

Rechts-Links-Vergleich

Beobachten Sie sich sich nun, und versuchen Sie, folgende Fragen zu beantworten:

- Wie viel Raum haben Sie jetzt in sich?
- Wo in sich haben Sie jetzt am meisten Raum?
- In welcher Körperhälfte mehr?
- Was hat sich in Ihrem Stehen und Ihrem Bezug zum Raum verändert?
- Zu welcher Seite hin sind Sie offener?
- Welche Seite erscheint Ihnen heller oder weiter?

Sprechen Sie abschließend – ähnlich wie zu Beginn der Übung – eine Minute lang über etwas, worüber Sie nicht lange nachdenken müssen.

Vergleich mit dem Beginn

Spüren Sie:

- Was hat sich in Ihrer Stimme im Vergleich zum Beginn verändert?
- Wie hat sich Ihr Stehen verändert?
- Stehen Sie mehr oder weniger zu dem, was Sie sagen?

Rechtsdrall

Die Übung ist mit Absicht nur zur rechten Seite hin beschrieben. Dadurch, dass sich die eine Seite mehr verändert, hat Ihr Gehirn einen internen Vergleich zwischen dem Gewohnten und dem Neuen. Man könnte auch sagen, das Gehirn hat einen Vergleich zwischen dem Gewohnten und dem *Möglichen*.

Jeweils nur zu einer Seite üben

Wenn Sie die Übung wiederholen, können Sie sich zur anderen Seite bewegen und alle Richtungsanweisungen entsprechend vertauschen. Denn im Grunde ist ja nur dies der Unterschied: die *Bezeichnung* der Seiten. Bewegt haben sich ja *beide* Seiten. Der Unterschied in der Wahrnehmung beider Seiten ist Folge Ihrer *Aufmerksamkeit* für die eine Seite. Üben Sie aber jedes Mal nur zu einer Seite. Ansonsten bringen Sie sich um den Effekt des Unterschiedes – und damit um eine Lernmöglichkeit.

→ Die Übung *Kraftverteilung* im Kapitel *Der Stimmkompass* befasst sich ebenfalls mit dem Stehen.

6.4 Vom Stehen zum Stand

Diese Übungen helfen Ihnen, sich leichter für das Stehen zu organisieren. Wer mehr Raum in sich hat und sich leicht auf den Raum beziehen kann, der ihn umgibt, der hat einen guten Stand – in jeder Beziehung.

Mehr Raum innen – mehr Raum außen.

Jedes Mal, wenn Sie üben, werden Sie Veränderungen in Ihrem Bezug zum Raum bemerken. Beobachten Sie, wie sich diese Veränderungen auf Ihren Alltag auswirken. Welche ungewohnten Reaktionen bekommen Sie von anderen? Das Beobachten dieser Veränderungen funktioniert besonders gut in den ersten Stunden nach einer Übung.

Auswirkungen der Übungen

Je vertrauter Sie mit einer Übung werden, desto leichter erreichen Sie den Effekt der Übung, indem Sie nur noch daran denken. Der Effekt bedeutet hier *mehr Raum in und um sich,* sprich: *mehr Präsenz.* Dafür lohnt es sich, einer Übung für eine Woche oder einen Monat treu zu bleiben.

Dran denken

7. Die natürlichste Sache der Welt?

Die Anforderungen an die Stimme eines Lehrers, Trainers, Dozenten oder Präsentators sind hoch. Die stimmliche Belastung ist mit derjenigen von Schauspielern oder Sängern vergleichbar. Trotzdem nimmt die Stimme im Berufsbild (Ausbildung, Arbeitsbedingungen, Prävention) in der Mehrzahl der Stimmberufe einen verschwindend kleinen Platz ein.

Hohe Belastung, geringer Stellenwert

Dieses Kapitel klärt, warum das so ist, welche Folgen es für Sie (auch beim Üben!) hat, und wie Sie die Stimme konstruktiv in Ihr Berufsbild einfügen können. Das Einfügen der Stimme in Ihr persönliches Berufsbild ermöglicht es Ihnen, einen adäquaten Blickwinkel auf die Anforderungen an Ihre Stimme zu bekommen und angemessen darauf zu reagieren.

7.1 Die Anforderungen an Ihre Stimme

Die Übersicht der Anforderungen, denen ein professioneller Sprecher im Alltag ausgesetzt ist, sieht etwa so aus:

Anforderungen an Sprecher

- Ungünstige Räume (schlechte Akustik, negative klimatische Bedingungen)
- Störschall
- Lange Sprechdauer
- Ebenenwechsel (Inhalt – Beziehung)

Die meisten dieser Faktoren sind *extern*, das heißt, es liegt nicht oder nur sehr begrenzt in Ihrer Macht, sie zu beeinflussen. Was aber in Ihrem Einflussbereich liegt, ist *Ihre Reaktion* auf die Umstände, Ihr Umgang mit diesen externen Faktoren. Die Stimmarbeit in diesem Buch liefert für diese *internen* Faktoren die entsprechenden Werkzeuge. Auf den folgenden Seiten werden die einzelnen Punkte der Anforderungsübersicht näher erläutert.

Externe und interne Faktoren

Ungünstige Räume

Schädliche Stimmschlucker Die meisten Räume, in denen Sprechberufler arbeiten, sind für das Sprechen ungünstig ausgelegt. Klimaanlagen, rauschende Computer oder andere Geräte erzeugen permanenten Störschall, der wichtige Stimmanteile „verschluckt" und so die Hörbarkeit der Stimme erschwert. Was hier momentweise mit erhöhtem Aufwand seitens des Sprechers kompensiert werden kann, wird auf Dauer anstrengend, ermüdend und letztlich schädlich.

Trockene Räume Oft sind die Räume zu trocken. Dies betrifft sowohl die Akustik als auch den Feuchtigkeitsgehalt der Luft. Ein im *akustischen* Sinne trockener Raum ist ein Problem, weil die Stimme sofort „weg" ist, das heißt, wenig vom Stimmklang an den Sprecher zurückgeworfen, also reflektiert wird. Dies erschwert ihm die Steuerung der für das Sprechen notwendigen körperlichen Einstellungen. Das ist so, als wäre beim Autofahren die Windschutzscheibe permanent mit einem Schmutzfilm überzogen, der die Straße und Außenwelt nur schemenhaft erkennen lässt.

→ Mehr dazu erfahren Sie im Abschnitt *Handlungsentwurf des Gehirns* im Kapitel *Hintergründe*.

Ein trockenes *Raumklima* trocknet Mund, Rachen und Hals aus und erschwert damit die Schwingungsfähigkeit der Stimmlippen. Die Folge: Die Stimme wird rau.

Zu viel Hall ist auch schlecht Das Gegenteil von akustisch zu trockenen Zimmern bzw. Sälen sind zu *hallige* Räume, in denen sich schon zwei oder drei Stimmen zu einer höllischen Kakophonie überlagern. Viele Klassenzimmer eignen sich für diese „Kunstform", ebenso Pausenhallen in Schulen, Foyers, Großraumbüros und andere Räume.

Klassenzimmer vs. Opernhaus Der Grund für derart suboptimale bauliche Bedingungen liegt darin, dass die Bedeutung der Stimme in den meisten Sprechkontexten – wie eingangs erwähnt – völlig unterschätzt wird und ihrer Funktionsweise zu wenig Beachtung zukommt. Denn es gibt ja durchaus Räume, die der Stimme entgegenkommen, die ihr sogar zu Größe verhelfen: Theaterbühnen, Konzertsäle und Opernhäuser seien als Beispiele genannt.

Hier zeigt sich, wie entscheidend die Rolle des Berufsbildes für die Stimme ist. Wo die Stimme als wichtig anerkannt ist, werden (und zwar mit großem Aufwand!) auch adäquate akustische Bedingungen geschaffen, was nur recht und billig ist.

Störschall

Zu den schon genannten Quellen von Störschall kommen die Geräusche der Zuhörer. Gerade in größeren Gruppen können je für sich genommene *kleine* Geräusche wie das Rascheln von Papier, das Trommeln mit den Fingern auf einer Tischplatte oder ein geflüstertes Wort sich in ihrer Gesamtheit zu einem störenden (weil den Stimmschall überlagernden) Klangteppich verweben.

Klangteppich aus kleinen Geräuschen

Die Messlatte wird auch hierbei höchst unterschiedlich angelegt: Was in einem Klassenzimmer die Norm ist, wäre in einem Konzertsaal undenkbar. Für das Konzert zahlt man ja auch Eintritt! Und während ein Sänger seine Stimme in einen optimal ausgelegten Saal voller mucksmäuschenstill horchender Zuhörer ergießen darf, müssen sich die allermeisten Stimmberufler stimmlich gegen die genannten Störfaktoren durchbeißen.

Unterschiedliche Normen

Lange Sprechdauer

Zur Sprechdauer eines Tages gehören nicht nur die dreißig, sechzig oder neunzig Minuten einer Präsentation, eines Vortrags oder eines Unterrichts. In den meisten Sprechberufen kommen noch Konferenzen, Sitzungen, Mitarbeitergespräche, Briefings, Elterngespräche usw. hinzu, in denen nicht selten starke Emotionen eine Rolle spielen.

Zahlreiche Sprechsituationen

Ebenenwechsel

Präsentatoren, noch mehr aber Trainer und Lehrer, müssen im Sprechen fließend die Ebenen wechseln: vom Inhaltlichen zum Persönlichen und wieder zurück. Neben der Sachebene bedarf es der (emotionalen) Hinwendung an den Gesprächspartner, an einen einzelnen Fragesteller – oder an einen Störenfried.

Sach- und Beziehungsebene

Während Sie die inhaltliche Ebene vorbereitet haben, für diese dementsprechend wenig Aufmerksamkeit benötigen, sich also

Ungeprobtes Leben

139

mehr auf die *Gestaltung*, die Qualität konzentrieren können, beansprucht die persönliche Ebene Ihre ganze Aufmerksamkeit, und leicht verlieren Sie dabei die innere Balance. Das wird besonders deutlich, wenn es um den Umgang mit kritischen Nachfragen geht. War der Duktus im Vortrag fließend und sicher, so ärgern Sie sich nun vielleicht, räuspern sich, müssen nachdenken, beschleunigen den Atem, suchen nach den passenden Worten und so weiter. Emotionen, die mit dem (vorbereiteten) Inhalt wenig zu tun haben, spielen plötzlich eine Rolle.

Wechsel zwischen Stimmqualitäten Auf die Stimme bezogen heißt die Anforderung hier, zwischen unterschiedlichen Stimmqualitäten wechseln zu können. Auf der persönlichen Ebene ist es zum Beispiel oftmals wichtig, weich und ruhig sprechen zu können – im Befehlston erreicht man jemanden nur oberflächlich.

Es kann aber auch das Gegenteil der Fall sein: Während Sie im Vortrag die Zuhörer gewinnen wollten, müssen Sie sich auf der persönlichen Ebene vielleicht rechtfertigen oder durchsetzen und nach einem solchen persönlichen Exkurs den Weg zurück in die vorhin verlassenen Bahnen, in den vorigen Ton finden.

7.2 Berufsbild und Stimme

Das Kuriosum Die schwierigen äußeren Umstände *(externe Faktoren)*, auf die Trainer, Dozenten und Präsentatoren mit ihren eigenen Fähigkeiten *(interne Faktoren)* antworten müssen, werden vom Berufsbild mit aufrechterhalten. Denn es gibt ein rummelplatzreifes Kuriosum zu bestaunen: Im Berufsbild – sprich: im Ausbildungscurriculum sowie dem beruflichen Alltag – der meisten Stimmberufe taucht die Stimme gar nicht auf! Das ist nicht nur kurios, sondern hat auch, wie Sie anhand des Anforderungskataloges gesehen haben, Auswirkungen bis hinein in Ihren Vortrag, Ihren Unterricht oder Ihre Präsentation.

Die aktuelle Lage Die aktuelle Lage stellt sich – laut einer im Jahr 2003 von der Verwaltungs-Berufsgenossenschaft (Hamburg) herausgegebenen Broschüre „Arbeiten in einem Sprechberuf" – so dar:

„Ungefähr ein Drittel der arbeitenden Bevölkerung in Industrienationen ist in Sprechberufen tätig, also in Berufen, in denen die Stimme das erste und wichtigste Arbeitsinstrument ist. (…) Die Stimme ist von großer beruflicher, sozialer und damit existenzieller Bedeutung, die eher noch zunimmt, wenn man bedenkt, dass in der heutigen Gesellschaft immer weniger produziert und immer mehr kommuniziert wird. (…) Menschen aus Sprechberufen haben häufiger Stimmprobleme als Zugehörige anderer Berufsgruppen. (…) Umso überraschender ist, dass dem Thema Stimme und Stimmhygiene in diesen Berufen, in denen die Stimme das wichtigste Medium ist, so wenig Bedeutung beigemessen wird."

**Überraschend
geringe Bedeutung**

Während tägliche Beschäftigung und ständiges Lernen in wenigen Stimmberufen Voraussetzung zur Berufsausübung ist und gefördert wird – Schauspieler und Sänger machen nur 0,3 Prozent aller Sprechberufe aus –, gilt für das Gros der Sprecher (99,7 Prozent) geradezu das Gegenteil: Die Stimme wird nur im *Ausnahmefall* (und meistens erst im *Problemfall*) Gegenstand einer professionellen Beachtung und Bearbeitung.

**Beachtung erst
im Problemfall**

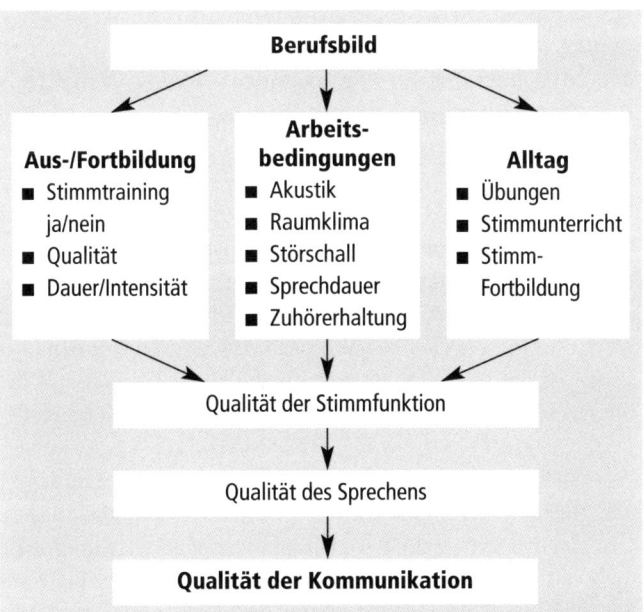

Berufsbild
und Qualität
der Kommunikation

141

Künstler trainieren täglich

Bei Sängern und Schauspielern wunderte man sich schon sehr, würde von ihnen erwartet, den stimmlichen Anforderungen ihrer Berufe *einfach so* gerecht zu werden. Hinter ihren Leistungen steht jahrelange Vorbereitung und tägliches Training.

Der Dusch-Opernsänger

Stellen Sie sich einmal dieses absurde Szenario vor: Ein junger, aufstrebender Opernsänger meldet sich zum Vorsingen an einem Opernhaus und verblüfft die Kommission, die aus Hunderten talentierten, jahrelang trainierten und zu allem bereiten Bewerbern den *Einen* herauspicken wird, damit, dass er zwar alle relevanten Opern textlich sowie in ihrer Entstehungsgeschichte studiert, aber noch nie eine Partie daraus *gesungen* hat. Höchstens mal unter der Dusche. Und da auch nur ganz leise.

Die natürlichste Sache der Welt?

Was in anderen Sprechberufen Alltag ist, erscheint bei einem Opernsänger unmöglich – eben weil dort die Ausbildung und das Training der Stimme Teil des Berufsbildes ist. Die Aussparung der Stimme aus dem Berufsbild geht Hand in Hand mit der Annahme einer, eine flexibel und kontrolliert einsetzbare Stimme sei die natürlichste Sache der Welt. Diese falsche Annahme hat für Dozenten, Präsentatoren oder Trainer Folgen – nämlich das Gefühl, dass etwas nicht Ordnung sei, sollten Schwierigkeiten mit der Stimme, oder – positiv formuliert – sollte das Bedürfnis nach Erweiterung der eigenen stimmlichen Möglichkeiten auftreten.

Krankenschein statt Prävention

Für einen Lehrer ist es beispielsweise äußerst schwierig, Bildungsurlaub für ein förderndes, präventives Stimmseminar zu bekommen. „Leicht" dagegen ist es, hinterher – wenn es für Vorsorge bereits zu spät ist – krankgeschrieben, notfalls operiert oder zumindest in eine Kur überwiesen zu werden. Für den Einzelnen ist das schmerzhaft und für die Unternehmen, wie die Verwaltungs-Berufsgenossenschaft anmerkt, letztlich teuer.

Das Potenzial in den Blick nehmen

Die übliche Sichtweise verleitet also zu einem problemorientierten statt zu einem lösungsorientierten Denken, in dem die Stimme dem eigenverantwortlichen Handeln entzogen ist. Eine solche Sichtweise ist aber wenig hilfreich. Besser wäre es, den Blick auf das *Entwicklungspotenzial* der Stimme zu lenken. Dieser Blickwinkel ermöglicht es Ihnen, selbstverantwortlich Schritt für Schritt kompetenter mit Ihrem ureigensten und persönlichsten „Arbeitsmittel" umzugehen – mit Ihrer Stimme.

Stimmbildung gehört zu jedem Sprechberuf.

Zusammenfassend kann man sagen:

Kernbotschaften

- Sprechberufe stellen hohe Ansprüche an die Stimme.
- Sprechen ist nicht angeboren, sondern erlernt.
- Lernend können Sie den Ansprüchen und externen Faktoren immer besser begegnen.
- Sie haben Ihren Lernprozess in der Hand.

7.3 Den Anforderungen begegnen

Es gibt zwei Säulen, auf die Sie sich stützen können, um den skizzierten Anforderungen an die Stimme gerecht zu werden. Diese betreffen natürlich *interne* Faktoren und gehören zu der eingangs erwähnten Reaktion auf die Anforderungen Ihrer Stimme im beruflichen Alltag.

Zwei Säulen

Die zwei Säulen sind:
1. Kontinuierliche Eigenbeschäftigung mit der Stimme
2. Stimmunterricht

Kontinuierliche Eigenbeschäftigung mit der Stimme

Testen Sie zunächst einige der Übungen des Buches. Sie müssen nicht alle Übungen auf einmal machen. Finden Sie heraus, welche der Übungen Ihnen liegen. Beobachten Sie, welche der Übungen spürbar angenehme Veränderungen bewirken. Bleiben Sie diesen Übungen eine Zeit lang treu.

Treue auf Zeit

Lesen Sie trotzdem weiter und probieren Sie zusätzlich zu Ihren Stammübungen (die im Laufe der Beschäftigung immer weniger Zeit in Anspruch nehmen werden) immer mal wieder eine neue Übung aus. Erweitern Sie auf diese Weise langsam Ihr Re-

Das Repertoire erweitern

pertoire. Die Effekte derjenigen Übungen, die Sie am längsten „bei sich tragen", werden Ihnen von alleine immer schneller zur Verfügung stehen und im Alltag immer öfter spürbar werden.

Besser häufig als selten Üben Sie lieber öfter ein bisschen, statt nur selten – aber dann ausgiebig. Üben können Sie meist auch im Auto, bei einem Spaziergang oder vor dem Schlafengehen.

Feste Struktur schaffen Manche Leute schaffen es leichter, am Ball zu bleiben, wenn sie sich einen festen Zeitplan machen. Sie nehmen sich beispielsweise vor, immer morgens vor dem Frühstück zehn Minuten für die Stimme zu investieren. Auch das ist möglich.

In die Vorbereitung integrieren Sinnvoll ist auch, die stimmliche Vorbereitung mit der inhaltlichen zu koppeln: Sie könnten Vorträge oder Unterrichtsstunden, die Sie am Schreibtisch entwerfen, probeweise schon zu Hause laut sprechen und sich in der regulären Vorbereitungszeit ab und zu eine Viertelstunde für die Stimmarbeit reservieren.

> **Die kontinuierliche Beschäftigung mit der Stimme erlaubt es, neue Erfahrungen im Alltag zu stabilisieren.**

Die Tatsache, dass die Stimme zwar für Sprechberufe wesentlich ist, zugleich aber im Berufsbild meist nicht auftaucht, hat tiefere Ursachen. Sie spiegelt eine kulturell bedingte Beschränkung, die jeder, der sich mit der Stimme befasst, beinahe als Erstes spürt.

Ein Wahrnehmungsexperiment In Seminaren stelle ich manchmal als Erstes diese Aufgabe: „Schauen Sie sich eine Minute lang um, und berichten Sie nach Ablauf der Zeit von Ihren Wahrnehmungen." Danach bitte ich, eine Minute lang den Körper zu fühlen, und schließlich, eine Minute lang zu sprechen, zu summen oder zu singen und jeweils die diesbezüglichen Wahrnehmungen zu berichten.

In Bezug auf das *Sehen* kommt man dabei auf bis zu 26 Wahrnehmungen pro Person (ich führe eine Strichliste!); acht oder neun sind das Mindeste. Die Anzahl der Wahrnehmungen in

144

Bezug auf den *Körper* und den eigenen *Klang* dagegen liegt höchstens bei acht! Diese Wahrnehmungen sind zudem eher vage und auch stark durch Wertung gefärbt: Die meisten Menschen nehmen eher „negative" Eigenschaften an sich wahr, eher störende als angenehme. Meine nächste Frage ist: „Und *damit* wollen Sie sich wirklich befassen?"

Im Laufe eines Seminars erhöht sich die Wahrnehmungsfähigkeit deutlich. Auch der Stimmgebrauch verbessert sich entsprechend. Die Beschränkung in der Wahrnehmung ist dabei kulturell bedingt.

Kulturell bedingte Beschränkung

Während beispielsweise beim Erlernen des Schreibens in der Schule großer Wert darauf gelegt wird, wie die Buchstaben auf dem Blatt aussehen, spielt es eine nachgeordnete Rolle, wie verkrampft oder frei Finger, Handgelenk, Arm, Schulter und Atmung beim Schreiben sind. Für den nur wenige Gramm schweren Stift hebt ein Kind beispielsweise die Schulter – und aus einer Arbeit von wenigen Gramm wird so eine Arbeit von mehreren Kilogramm. Wer das ein paar Dutzend Mal getan hat, dem ist das Gewohnheit geworden. „Das macht man so", sagt man sich dann selbst, oder: „So fühlt es sich natürlich an!"

Ungünstige Gewohnheiten

Diese Koordination ist Basis für viele weitere Handlungen wie Zähneputzen, Maschineschreiben, Lenkradhalten usw. Diese Haltungen zeichnen sich alle durch einen um das Vielfache erhöhten Muskelaufwand aus. Der erhöhte Muskelaufwand und der damit einhergehende Verschleiß – Ermüdung, Gelenk- und Spannungsschmerz – gehören dann ebenso zum gewohnten Lebensgefühl einfach dazu.

Zu hoher Aufwand auch anderswo

Während also auf das Ergebnis großer Wert gelegt wird, taucht der Weg dahin oder der erzeugende Prozess – oder auch schlicht: der Mensch – weder in der Betrachtung noch in der Bewertung auf. Es gibt keine Kultur des *Wie* („Wie erreichst du das?"), sondern nur eine Kultur des *Was* („Das und das sollst du können").

Keine Kultur des „Wie"

Mit Bilderbüchern wird das Erkennen und Benennen von Bildelementen geübt. Im Zug deuten Erwachsene mit dem Finger nach draußen und zeigen den Kindern Kühe, Vögel und Bäume – in Bezug auf Klänge hört man kaum Vergleichbares („Hör mal, wie schön die Stimme des Mannes da im Brustkorb schwingt!").

Drei Ziele Aus dem Gesagten ergeben sich drei Ziele für die Stimmentwicklung:
1. Das erste Ziel besteht in der Erweiterung der Wahrnehmung.
2. Das Schaffen angenehmer Erfahrungen ist das zweite Ziel. Diese angenehmen Erfahrungen motivieren dazu, sich selbst wahrzunehmen – denn ansonsten wäre die Selbstwahrnehmung für manch einen vielleicht eine „Strafarbeit".
3. Das dritte Ziel besteht schließlich darin, eingeschliffene Gewohnheitsmuster zu verändern. Die beiden erstgenannten Punkte ermöglichen dies.

> **Die Erweiterung der Selbstwahrnehmung ist der Schlüssel zum Lernen. Und: Selbstwahrnehmung kann angenehm sein!**

Stimmunterricht

Unterstützung durch Stimmlehrer Neben der Eigenbeschäftigung kann die Zusammenarbeit mit Stimmlehrern sehr nützlich sein – ähnlich wie bei einem Tanzlehrer, wenn man Tango lernen will. Schauspieler beispielsweise nehmen selbst nach ihrer jahrelangen Ausbildung immer wieder phasenweise oder sogar kontinuierlich Unterricht. Wenn wir uns den Anforderungskatalog an die Stimme von Trainern, Lehrern, Dozenten und Präsentatoren vor Augen führen, wird deutlich, dass auch diese Berufsgruppen von Stimmunterricht spürbar profitieren können.

Suche nach dem „Kniff" oder „Trick" Ein Anspruch an Stimmunterricht, dem ich häufig begegne, ist der, dass jemand einen „Kniff" oder „Trick" wissen will, um „richtig" zu sprechen. Der Anspruch klingt verständlich. Er ist aber nicht realistisch. Ein Vergleich kann das klären.

Beispiel: Kochen lernen Nehmen wir an, ein junger Mann hätte als Kind gelernt, sein Brot zu schmieren. Er kann also Folgendes: eine Scheibe Brot auf ein Brett legen, Schmierkäse aus dem Kühlschrank holen, den Deckel abnehmen, mit dem Messer eintauchen (hm, lecker!) und das, was an der Klinge kleben bleibt, auf das Brot schmieren – fertig ist das Frühstücksbrot!

Wenn dieser junge Mann nun eine Anstellung als Koch sucht oder am Wochenende plötzlich eine Festgesellschaft bekochen soll – ist es dann ein Defekt bzw. ein Mangel, dass er es nicht kann? Braucht der Mann eine Therapie? Wohl kaum. Braucht man ihm bloß den richtigen „Kniff" zu verraten, damit er es könnte? Vermutlich nicht. Ihm würde es helfen, *kochen* zu lernen.

Ein „Kniff" reicht nicht aus

Sprechen ist eine Lernleistung.

Vielleicht fragen Sie sich jetzt, wie lange Stimmunterricht dauert. Das hängt stark von Ihrem Stimmthema ab, von dem, was Sie erreichen oder verändern möchten, sowie von Ihren persönlichen Voraussetzungen. Oft reicht der Impuls von wenigen Stunden oder einem Wochenendseminar aus, um einen spür- und hörbaren Schritt weiterzukommen.

Wie viel Zeit braucht das Stimmtraining?

Generell aber würde ich diese Frage in den folgenden Rahmen stellen: Wenn Sie überlegen, wie lange es dauern würde, etwas Neues zu lernen, zum Beispiel ein Instrument zu spielen, zu segeln oder ein guter Skifahrer zu werden, dann dürfen Sie sich für die Entwicklung Ihrer Stimme mindestens genauso viel Zeit lassen.

Da es in der Stimmarbeit um sehr persönliche Prozesse geht (→ siehe auch die Ausführungen zum Thema *Primär- und Sekundärfunktion* im Kapitel *Hintergründe*), spielt die Beziehung zum Lehrer eine große Rolle. Setzen Sie sich auch hier einen größeren zeitlichen Rahmen, um einen passenden Lehrer oder die richtigen Seminare für sich zu finden. Erlauben Sie sich, verschiedene Lehrer und Richtungen auszuprobieren. Die erstbeste Wahl muss nicht die schlechteste sein. Aber wissen kann man das erst, wenn man auch den Zweitbesten einmal ausprobiert hat.

Passende Seminare und Lehrer finden

Die eigenen Ziele verfolgen Wenn Sie in Ihrer Umgebung nach Seminaren und Lehrern suchen, sollten Sie Ihre persönlichen Ziele und Vorlieben im Kopf haben. Sprechen Sie vorab mit einem Kursleiter, um einen Eindruck von der Person und ihrem Hintergrund zu bekommen. Fragen Sie, inwieweit Sie Ihr persönliches Thema in das Seminar oder den Unterricht einbringen können.

Phasen Der Verlauf von Stimmunterricht ist in der Regel von folgenden Phasen gekennzeichnet:

1. *Suchen und Kennenlernen*
Manche Lehrer bieten „Schnupperstunden", Kurzworkshops, Wochenendseminare oder offene Abende zum gegenseitigen Kennenlernen an. Meist können Sie auch eine Stunde einzeln buchen, ohne sich gleich für ein ganzes Stundenpaket anzumelden – im Unterschied beispielsweise zu vielen Musikschulen, bei denen Sie sich ganzjährig einschreiben und auch Ferienzeiten bezahlen müssen.

2. *Eine Routine entwickeln*
Haben Sie den Eindruck, in Ihrem Anliegen ernst genommen und verstanden zu werden und sind erste kleine Fortschritte spür- bzw. hörbar, dann überlegen Sie, wie Sie den Unterricht in Ihren Zeitplan einbauen können.

3. *Flexible Unterrichtsdichte*
Um den Prozess in Gang zu bringen, ist es meist sinnvoll, mit einer höheren Unterrichtsdichte zu beginnen, also zum Beispiel für zwei Monate einmal wöchentlich Unterricht zu nehmen.

Da der Sinn des Unterrichts darin liegt, Sie zu eigenem Üben zu befähigen, können die Abstände zwischen den einzelnen Stunden im Laufe der Zeit immer größer werden. Sie können aber auch bei Bedarf – beispielsweise bei hoher Belastung – wieder verkürzt werden.

Kontaktadressen Wenn Sie die im Buch beschriebene Arbeit im lebendigen Kontext eines Seminars erleben möchten, können Sie mich gern kontaktieren:

Olaf Nollmeyer, Hubertusweg 13, 26133 Oldenburg
Telefon: (04 41) 48 55 490

Die Internetseite www.stimme-koerper-klang.de bietet Ihnen eine Plattform für Fragen (FAQ-Forum), aktuelle Termine und die Adressen weiterer Lehrer und Institutionen, die den in diesem Buch präsentierten Grundzügen des Stimmtrainings sehr nahe stehen. Außer diesen gibt es natürlich noch viele andere Stimmlehrer, über deren Qualität nichts dadurch ausgesagt wird, dass sie dort keine Erwähnung finden. Die oben angeführten Leitgedanken können Ihnen helfen, eine für Sie und für Ihr Stimmthema geeignete Person zu finden.

8. Hintergründe

In diesem Kapitel werden einige theoretische Hintergründe des Stimmtrainings aus Physik, Anatomie, Neurologie und Akustik vorgestellt. Diese erhellen die Wirk- und Arbeitsweisen der Übungen des Buches.

Die Hintergründe sind sehr facettenreich – Sie dürfen sich also Zeit lassen. Verweise auf die Übungen des Buches machen den Zusammenhang zwischen Theorie und Praxis erfahrbar.

Die Vorstellung, die ein Mensch davon hat, wie die Stimme funktioniert, beeinflusst die Art, wie er mit ihr umgeht. Die Kenntnis der Hintergründe allein wird zwar nicht ausreichen, um die eigene Stimme zu verändern. Die Beschäftigung mit der Theorie kann aber interessante Perspektivverschiebungen für die Praxis ergeben.

Theorie und Praxis sind eng verwoben

Theorie und Verhalten

Viele Leute haben (unbemerkt) die Vorstellung, Stimme sei die Luft, die Mund und Nase verlasse; die Stimm-Luft schwebe vom Mund der Sprecherin zum Ohr des Hörers oder der Ton schwebe mit oder in der Luft von hier nach da. Diese Vorstellung hat zur Folge, dass jemand, der gerne den Raum mit der Stimme füllen möchte, einen Stimmkurs besucht, um sein Lungenvolumen zu vergrößern. Demnach müsste man einen Sprecher stets zugleich hören und seine Zahnpasta riechen können.

Die Mär der großen Lunge

Bittet man, einmal zu demonstrieren, was er oder sie tun würde, um lauter zu sprechen oder einen größeren Raum zu füllen, holt der betreffende Mensch tief Luft, bis er fast platzt, und drückt dann anständig auf die Pumpe. Was folgt, kennen Sie: Das Gesicht wird rot, der Hals besteht plötzlich aus lauter bedenklich anschwellenden Strängen, das Ergebnis klingt nicht wirklich gut, die Stimme wird rasch heiser – und so richtig laut wird es auch nicht. Es klingt nur eben ziemlich angestrengt. Hier ist nicht mehr *Anstrengung*, sondern mehr *Tragfähigkeit* gefragt.

Anstrengung allein reicht nicht

→ Lesen Sie dazu im Kapitel *Der Stimmkompass* den Abschnitt *Tragfähigkeit*.

Unzulängliche Theorie führt zu falschen Schlüssen

Interessant daran ist, dass hier das unzulängliche Verhaltensmuster durch die unzulängliche und meist unbewusste Theorie gestützt wird und jemand dann auch innerhalb dieser – nunmehr vermaledeiten – Theorie seine Lösung sucht nach dem Motto: „Wenn es mit Anstrengung schon nicht funktioniert, wie kann ich dann lernen, mich *effektiver* anzustrengen?"

Von daher kann es nützlich sein, sich mit theoretischen Hintergründen zu beschäftigen. Denn die Modelle – besonders jene, welche Sie nicht explizit gelernt haben und die sich stattdessen einfach so in Ihr Denken eingeschlichen haben – bestimmen Ihr Verhalten mit.

▪ **Ihre Theorien bestimmen Ihr Handeln mit.**

Der Wandel der Theorien

Dabei ist es wichtig zu bedenken, dass Theorien laufend aufgestellt, bewiesen und widerlegt werden. Auch bei den nun folgenden theoretischen Fragmenten ist dies so. Wer sich näher für dieses lebendige und kontroverse Thema interessiert, der sei zum Beispiel auf die Website www.forum-stimme.de verwiesen.

8.1 Hintergründe mit Blick auf den Körper

Schallwellen durch schwingende Stimmlippen

Schallwellen sind, physikalisch gesehen, Druckschwankungen, die sich in einem elastischen Medium ausbreiten, zum Beispiel Luft. Im Kehlkopf wird vermittels Atemluft und Schwingung der Stimmlippen eine periodische Luftdruckschwankung erzeugt. Die Stimmlippen öffnen und schließen dabei mehrere Hundert Mal pro Sekunde.

Die Häufigkeit steht in einem unmittelbaren Zusammenhang mit der Tonhöhe: je häufiger das Öffnen und Schließen, desto höher der Ton; je weniger häufig, desto tiefer der Ton. Die entstehenden Druckwellen breiten sich mit Schallgeschwindigkeit aus, also mit etwa 330 Metern pro Sekunde.

Für die *Ausbreitung* des Schalls kann und braucht der Sprecher rein gar nichts zu tun – das tun die Schallwellen von selbst. Die Aufgabe des Tonerzeugers ist es lediglich, Luftdruckunterschiede im Luftstrom herzustellen. Und das geht auch ohne mühevolle Kraftanstrengung!

Ausbreitung ganz von allein

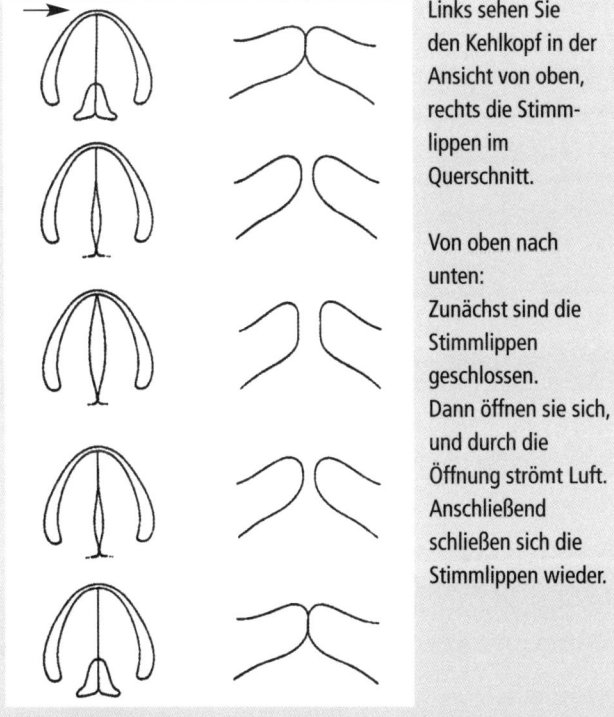

Links sehen Sie den Kehlkopf in der Ansicht von oben, rechts die Stimmlippen im Querschnitt.

Von oben nach unten: Zunächst sind die Stimmlippen geschlossen. Dann öffnen sie sich, und durch die Öffnung strömt Luft. Anschließend schließen sich die Stimmlippen wieder.

Ein Zyklus der Stimmlippenbewegung

Wenn Sie Ihren Kehlkopf von außen betasten, finden Sie leicht den vorstehenden „Adamsapfel". Von diesem vordersten Punkt aus laufen die Stimmlippen horizontal nach hinten. Der **Pfeil** zeigt auf den Adamsapfel.

Die Abbildung stammt aus Eckert/Laver: Menschen und ihre Stimmen.
© Verlagsgruppe Beltz 1994

Luftstrom und Stimmlippen

Damit die Stimmlippen in Schwingung geraten können, ist der Luftstrom notwendig. Die Schwingung ist ein Produkt aus Luftstrom und Einstellung der Stimmlippen.

Vom Luftdruck ...

Im Ausatmen erhöht sich der Luftdruck unterhalb der geschlossenen Stimmlippen im Vergleich zum Luftdruck oberhalb der geschlossenen Stimmlippen.

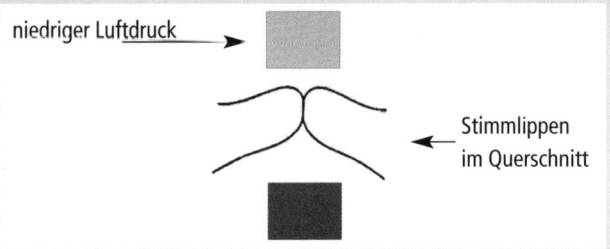

niedriger Luftdruck

Stimmlippen
im Querschnitt

Öffnen die Stimmlippen, breitet sich der relativ hohe Luftdruck nach oben hin aus. Hinter diesem „Hochdruckgebiet" entsteht dadurch ein „Tiefdruckgebiet", in welches wiederum Luft nach oben strömen will.

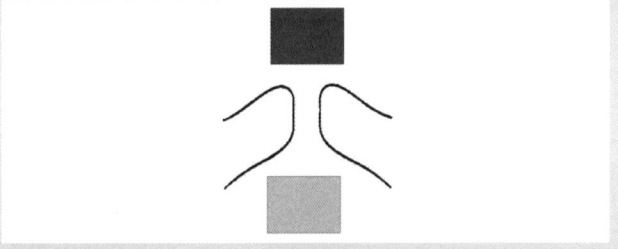

Die Stimmlippen werden durch das „Tiefdruckgebiet" quasi wieder angesogen und schließen.

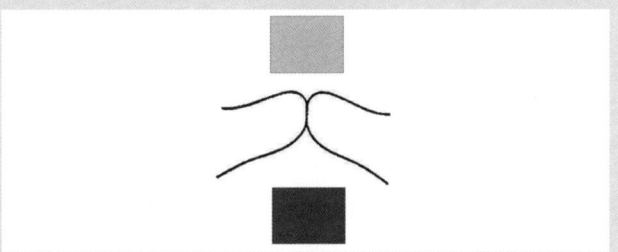

Das Öffnen und Schließen der Stimmlippen im Luftstrom erzeugt ein Muster von komprimierter Luft und weniger dichter Luft (höherer und tieferer Luftdruck). Diese abwechselnden Luftdrücke werden an die benachbarte Luft weitergegeben. Mit Schallgeschwindigkeit breitet sich dieses Muster – höherer Druck, tieferer Druck, höherer Druck usw. – aus.

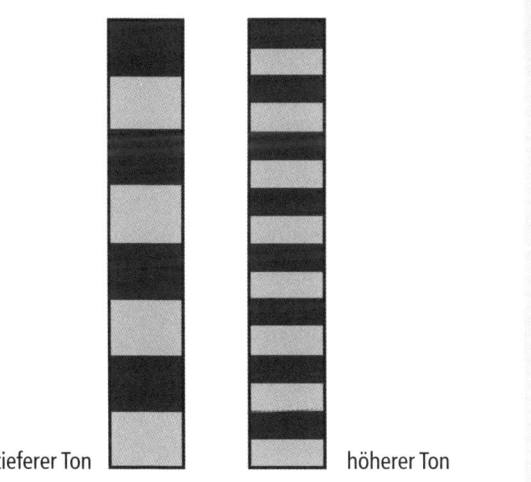

tieferer Ton   höherer Ton

Je nachdem, wie oft das pro Sekunde passiert, hören Sie einen höheren oder tieferen Ton. Im Sprechen schwingen die Stimmlippen mehrere Hundert Mal pro Sekunde.

Der Luftstrom, der durch die Stimmlippen fließt, ist also nur der „Motor" für die Bewegung der Stimmlippen und die Erzeugung des sich rasch ändernden Luftdrucks – und nicht zu verwechseln mit der Schallwelle, die dadurch nur angestoßen wird und sich von selbst durch die Luft fortsetzt.

Die Wellen breiten sich von alleine vom Ort ihrer Entstehung aus – wie bei einem Stein, der in einen stillen See geworfen wird.

Da der Luftstrom dazu gebraucht wird, die Stimmlippen in Bewegung zu setzen, müsste es egal sein, in welche Richtung die Luft strömt – und so ist es tatsächlich: Auch im Einatmen können Sie Töne produzieren. Probieren Sie es aus! Nach dieser Erfahrung der inhalatorischen Klangerzeugung legt vermutlich auch

Töne im Einatmen

der letzte Stimmvolumenvergrößerer im Fitnessstudio die Hanteln aus der Hand und kratzt sich am Kopf.

Zwei Aspekte Die Klangerzeugung funktioniert wie oben skizziert, weil
1. Luft strömt und
2. die strömende Luft die Stimmlippen in Bewegung setzt.

Auf beide Aspekte soll nun kurz eingegangen werden.

Der Luftstrom

Damit Luft strömen kann, ist Bewegung vonnöten: Zum Einatmen kann sich der Brustkorb weiten, das Zwerchfell kann sich absenken. Ich schreibe *kann*, weil es durchaus möglich ist und vorkommt, das Zwerchfell beim Einatmen hochzuziehen oder es starr zu halten. Genauso kann die Bewegung in den Rippen minimal sein. *Eines* von beiden Systemen aber muss etwas tun, sonst passiert erst mal gar nichts (und nach einiger Zeit überhaupt nichts mehr).

Zwerchfell und Brustkorb in Balance Die Balance zwischen diesen beiden Systemen ist wichtig für die gesamte Stimmbalance. Optimal wäre es, wenn beide Systeme in jedem Moment frei entscheiden könnten, was sie gerade tun wollen, und immer beide etwas für das Atmen täten. Das kommt selten vor. Denn die am Atmen beteiligten Muskeln sind direkt oder vermittelt über Muskelschlingen an ganz anderen Tätigkeiten des Körpers beteiligt – am Krafttransport beispielsweise (deutlich wahrnehmbar bei Liegestützen, beim Anschieben eines Autos, beim Tragen einer Einkaufstasche usw.).

Körperschema und Selbstbild Darüber hinaus sind die beiden Systeme Teil des gesamten persönlichen Körperschemas: Kaum ein Brustkorb ist einfach ein Brustkorb. Der eine zieht ihn stets zusammen, der andere plustert ihn andauernd auf (Dazwischen gibt es Varianten!). Das ist Teil des Selbstverständnisses bzw. des Selbstbildes und fällt daher nicht weiter auf.

Gewohnheiten bilden den Hintergrund Ihrer Handlungen.

Die unbemerkte Muskelarbeit zeigt Wirkung – selbst wenn es Ihnen nicht auffällt. Denn in dem Maße, in dem der Brustkorb in dieser oder jener Haltung fixiert wird, kann er sich nicht mehr bzw. nur eingeschränkt bewegen. Auch eine gewohnte Einschränkung ist eine Einschränkung.

Die Stimmlippen

Die Aufgabe der Stimmlippen ist es primär nicht, Klagelaute, Schmährufe an den Schiedsrichter oder wohlformulierte Vorträge erklingen zu lassen. Primär ist der Kehlkopf ein Schutzmechanismus. Beim Essen und Trinken wird er im Schlucken angehoben, der Kehldeckel schließt, die Leckereien gelangen in den richtigen Kanal und nicht in den „falschen Hals"!

Die Primärfunktion

Der Schutzmechanismus ist sensibel und autoritär. Dabei reagiert er auch – und das wirkt sich auf die Stimme entscheidend aus – auf Bedrohungen aus anderen Quellen als nur den rein physischen Gefilden. Auch das, was Ihnen „nur" emotional bedrohlich erscheint (an den nächsten Vortrag denken, einen kritischen Zuhörer sehen usw.), löst den Mechanismus aus.

Kehlkopf dient als Schutzmechanismus

Autoritär ist der Schutzmechanismus, weil er alles andere unterordnet. Auch der großartigste Entspannungskünstler wird – unter Wasser getaucht – seinen Kehlkopf nicht willentlich öffnen können. Überleben geht vor Angeben.

Primär- und Sekundärebene

Der eben beschriebene Sachverhalt findet sich nicht nur bei den Stimmlippen. Alle Körperteile, die Sie beim Sprechen benutzen, haben zu allererst eine andere Aufgabe.

Betrachten Sie beispielsweise die Lippen oder die Zunge. Beide sind ebenfalls primär für den Schutz des Innenraums zuständig: Auch sie schließen. Die Zunge ist dabei auch am Heben – und damit am Verschließen – des Kehlkopfes beteiligt. Zum anderen sind beide für den Nahrungsmitteltransport zuständig.

Lippen und Zunge

Der weiche Gaumen grenzt den Nasenrachenraum beim Schlucken gegen den Mundraum ab.

Weicher Gaumen

Der Unterkiefer Der Unterkiefer ist – Sie ahnen es schon – ebenfalls zum Schutz da (Mund schließen). Darüber hinaus dient er natürlich zur Nahrungszerkleinerung und zum Angriff (herzhaft zubeißen!).

Kein separater „Sprechapparat" Es zeigt sich also, dass Sie tatsächlich keinen eigenen Sprechapparat haben, den Sie isoliert trainieren könnten. Die am Sprechen beteiligten Körperteile sind zunächst in überlebenswichtige Aufgaben eingebunden und können für die Klangerzeugung nur insoweit benutzt werden, wie sie von der Erfüllung der primären Aufgaben frei sind.

Mund, Nase und Rachen

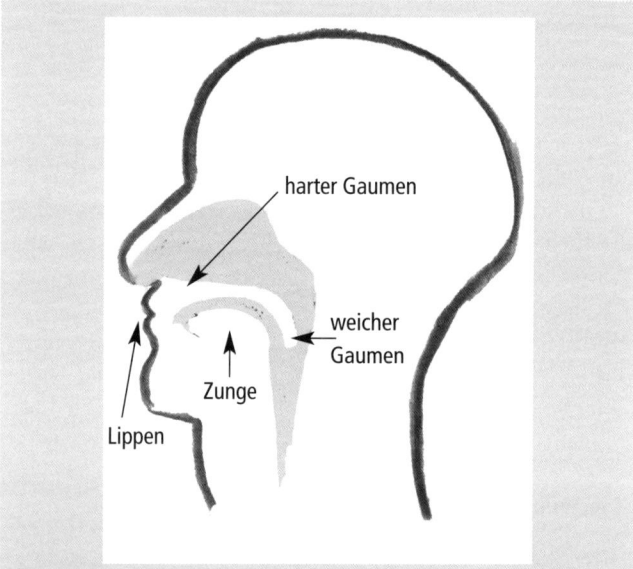

harter Gaumen

weicher Gaumen

Zunge

Lippen

Lage der Körperteile, die Mund und Rachen öffnen und schließen können: Lippen, Zunge, weicher Gaumen.

Die hellgraue Fläche zeigt die Räume, durch die Luft beim Ein- und Ausatmen und damit beim Sprechen und Singen strömen kann.

In dieser Darstellung sind die Lippen geschlossen. Die Zunge liegt (ist also „offen"), der weiche Gaumen ist nicht angehoben, also „offen". Der weiche Gaumen wird zum Schließen des Luftwegs durch die Nase angehoben.

Physische und psychische Auslöser der Schutzfunktion

Die Worte *Schutz* und *Schließen* kommen auf der primären Ebene oft vor. Diese Schließtendenzen der Primärebene sind aber genau das, was die Klangerzeugung einschränkt. Der Frosch im Hals ist nichts anderes als die vollzogene Schutztendenz der Kehle. Der Frosch fungiert quasi als Wächter.

Frosch im Hals als Wächter

Dabei werden diese Schließtendenzen nicht nur bei tatsächlichen *physischen* Bedrohungen wirksam, sondern – und das ist das Entscheidende – sie sind auch an entsprechende *emotionale* Auslöser gekoppelt. Die Zuschauermenge eines Auditoriums hat auch eine bedrohliche Komponente („Die sind ja viel mehr als ich!"), und der Körper reagiert mit Verschluss: Anspannung des Kiefers, der Zunge, der Lippen usw. Kritik kann als eine Art Angriff auf die eigene Kompetenz oder sogar auf die eigene Person aufgefasst werden und löst dann ähnliche Schutzmuster aus.

Emotionale Auslöser

Die Liste ließe sich leicht fortsetzen. In allen Situationen, die Sie fordern oder die potenziell bedrohlich sein könnten – in welch geringem Ausmaß auch immer –, springt die Schutztendenz auf der primären Ebene an.

Die Freiheit, die Sie auf der primären Ebene haben, gibt den Rahmen für die Freiheit im sekundären Gebrauch vor – und damit für die Klangerzeugung und das Sprechen. Denn insoweit die an der Stimme beteiligten Körperteile in primäre Aufgaben eingebunden sind, sind sie nicht frei für die Klangerzeugung.

Primärebene gibt den Rahmen vor

Gewohnheitsmäßige Einstellungen

Wichtiger als die konkreten Anlässe aber sind die gewohnheitsmäßigen Einstellungen auf der primären Ebene. Beobachten Sie einmal sich selbst oder die Menschen um sich herum. Sie werden feststellen, dass Anspannung und Verschließtendenzen in allen oben genannten Bereichen selbst dann an der Tagesordnung sind, wenn Sie einfach nur im Garten stehen, in der Badewanne liegen, ein Buch lesen usw. Das für Menschen in hoch industrialisierten Gesellschaften typische ständige Unter-Druck-Stehen wird auf der Primärebene genau so, wie oben beschrieben, verwirklicht.

Anspannung als Gewohnheit

Stimmarbeit rührt tief Die Beschäftigung mit der Stimme rührt also naturgemäß immer an tiefste Schichten Ihrer selbst. Von daher wird verständlich, warum rein technische Herangehensweisen nicht greifen und das Training der Stimme ein Lernprozess des ganzen Menschen sein muss: Alles, was Sie sich nur oberflächlich aneignen, was Sie sich wie eine Maske aufsetzen, wird die Primärebene bei Bedarf kompromisslos und wirkungsvoll fallen lassen.

Diese Erkenntnis hilft einerseits, geduldiger mit sich selbst und der eigenen Stimme zu sein. Andererseits ist sie ein Grund für die Faszination des Phänomens „Stimme". Die Stimme ist Ausdruck eben dieser tiefsten Schichten.

Ziele der Stimmarbeit auf der Primärebene

Die Primärebene verstehen und akzeptieren Das Ziel der Stimmarbeit besteht darin, zunächst die unterschiedlichen Funktionsebenen kennen zu lernen und zu differenzieren. Diese Differenzierung ist die Voraussetzung für das Erfahren der Tatsache, dass Sie gegen die Primärebene letztlich nicht ankämpfen können („sich zusammenreißen", „den Mund richtig aufmachen", „ein bisschen mehr pressen", „den inneren Schweinehund besiegen", „ans Limit gehen" usw.).

Beide Ebenen versöhnen Alle Versuche, Effekte durch mehr Aufwand zu erreichen, funktionieren nicht dauerhaft, nicht zuverlässig und bewegen sich auf qualitativ niedrigem Niveau. Im Unterschied dazu tragen die Übungen dieses Buches dazu bei, die Sekundärebene mit der Primärebene zu versöhnen. Denn wenn Sie frei beweglich stehen, sich leicht bewegen und atmen können, dann ist Sprechen ein einziger Genuss.

Wege zur Kooperation Alle Übungen des Buches zielen auf diesen Ausgleich. Stimmübungen, die zum Teil liegend ausgeführt werden, erreichen dies dadurch, dass sie eine der primären Aufgaben des Körpers – nämlich sich gegen die Schwerkraft aufzurichten – enorm erleichtern. In anderen Übungen ist die Verbesserung der Aufrichtung das zentrale Thema. Meistens werden Sie aufgefordert, im bequemen Bereich der Stimme zu arbeiten und zu üben. „Bequem" bezeichnet dabei den Bereich, in dem die primäre Ebene sich sicher fühlt und nicht eingreifen muss. Übungen, die mit „langsamer werden" und auf „leiser" oder „weniger Kraft" zielen, ermöglichen es, während der Klangproduktion überhaupt mit der primären Ebene in Kontakt zu kommen. Und das wird meist als angenehm und befreiend empfunden.

Die Qualität der Primärfunktion gibt den Rahmen für die Möglichkeiten der Stimme vor.

Vernetzung

Zwerchfell und Brustkorb sind also an der Erzeugung des Luftstroms beteiligt, und diese beiden können jeweils in unterschiedlicher Qualität arbeiten. Am besten funktioniert es in Balance.

Qualität durch Balance

Der Luftstrom trifft nun auf die Stimmlippen, die mit einem bestimmten Druck schließen. Hier ergibt sich aus beiden Aspekten – Luftdruck von unten (Brustkorb, Zwerchfell) und Verschließdruck von oben (Stimmlippen) – ein neues, größeres System, das wiederum in unterschiedlicher Qualität zusammenarbeiten kann. Wieder ist hier Balance ein entscheidendes Stichwort.

Die Aufhängung des Kehlkopfes

Vernetzung ist ein Grundprinzip im Körper und im Gehirn. Die folgende Darstellung zeigt, wie auf der Ebene der Anatomie die Aufhängung des Kehlkopfes verschiedene Körpersegmente miteinander vernetzt.

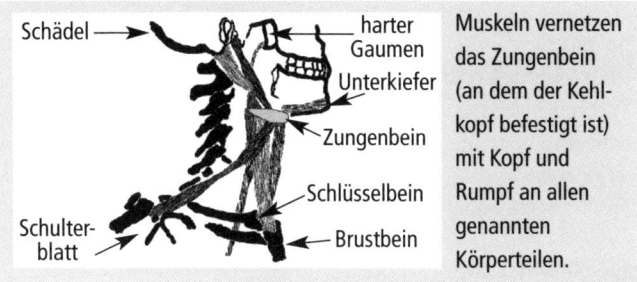

Schädel — harter Gaumen / Unterkiefer / Zungenbein / Schlüsselbein / Brustbein / Schulterblatt

Muskeln vernetzen das Zungenbein (an dem der Kehlkopf befestigt ist) mit Kopf und Rumpf an allen genannten Körperteilen.

Aufhängung des Kehlkopfes

Komplexe Die Balance der Kehlkopfaufhängung beinhaltet die Koordina-
Koordination tion von Kopf, Hals, Rumpf und Armen. Das sind eine ganze
Menge Körperteile! Spannungen im Arm beispielsweise wirken
über das Schulterblatt auf die Kehlkopfaufhängung. Die Qualität in jedem dieser Körperteile wirkt auf das Mobile und beeinflusst die Freiheit der Arbeit der inneren Kehlkopfmuskulatur,
zu der auch die Stimmlippen gehören.

Die Übung *Sitzen, liegen* im Kapitel *Der Stimmkompass* beschäftigt sich beispielsweise mit der Beweglichkeit des Kopfes.
Die Übung *Bögen* desselben Kapitels befasst sich mit der Aufhängung des Kehlkopfes von der Zunge aus.

Muskelschlingen
Beugen Unter Muskelschlingen versteht man die funktionale Verkettung
und Strecken von Muskelgruppen. Diese können sich durch den ganzen
Körper ziehen. Man spricht von Beuger- und Streckerschlingen.
Ein Beispiel verdeutlicht, was mit Beugen und Strecken gemeint
ist.

Wenn Sie die Finger zur Faust ballen, dann beugen Sie die Fin-
gergelenke. Hören Sie mit dem Beugen auf, dann öffnet sich die
Hand wieder. Sie können die Finger jetzt aber auch noch weiter
in diese Richtung auseinander bewegen und spreizen. Jetzt
strecken Sie die Gelenke der Finger.

Funktionale Das wesentliche Element bei der Idee der Muskelschlinge ist,
Verkettung dass jeder Muskel einer Schlinge (also einer funktionalen Ver-
kettung) auf Veränderungen eines anderen Muskels derselben
Muskelschlinge ähnlich reagiert.

Von Kopf bis Fuß Die Muskeln des Nackens gehören beispielsweise zu den
Streckern: Sie können den Kopf nach hinten kippen, das heißt,
den Hals überstrecken. Spannt der Nacken an, wird diese Anspannung über die Streckerschlinge nach unten in den Rücken
weiter vermittelt. Es ist nicht unwahrscheinlich, dass die Len-
denwirbelsäule ins Hohlkreuz tendiert und die Knie sich durchstrecken. Mit diesem Phänomen befasst sich beispielsweise die
Alexander-Technik ausführlich.

Interessanterweise funktioniert die Kette aber auch in umgekehrter Richtung: Wenn Sie im Stehen die Knie durchstrecken und anspannen, wird auch der Nacken anspannen. Das wirkt sich wiederum auf die Kehlkopfaufhängung und den Rachenraum – und damit auf die Stimme – aus.

Von unten nach oben

Über Muskelschlingen vernetzt also der Körper selbst die „entlegensten" Stellen. Die Spannungsverhältnisse im Fuß vermitteln sich auf diese Weise an die Stimme. Von daher wird deutlich, warum sich die Körperübungen des Buches oftmals mit diesen scheinbar „entlegenen" Bereichen in Bezug auf die Stimme beschäftigen. Das Kapitel *Stehen und Standing* befasst sich mit diesem Zusammenhang ausführlich.

Füße und Stimme

Rückwirkung des Klangs

Bisher haben wir von Klang als Resultat des Luftstroms und der von ihm angeregten Bewegung der Stimmlippen gesprochen. Schnell könnte hier das Bild einer linearen Wirkkette entstehen: „Der Körper erzeugt Klang, und der Klang schwebt in die Welt hinaus." Dieses eindirektionale Bild würde aber die Rückwirkung des Klangs auf den ihn erzeugenden Prozess ausschließen und wäre damit unvollständig. Die Rückwirkung des Klangs auf die Bewegung der Stimmlippen und von dort aus auf die am Ausatmen beteiligten Körperteile erfolgt über mehrere Wege.

Nicht nur in eine Richtung

Schall wird in den Räumen des Körpers unterschiedlich absorbiert, reflektiert und weitergeleitet. Das merken Sie schon an dem einfachen Unterschied zwischen geschlossenem und geöffnetem Mund: Im einen Fall hören Sie ein Summen oder ein „m", im anderen einen Vokal.

Einfluss der Körperräume

Die Körperräume sind veränderlich, das heißt: einstellbar.

Die Einstellung der Räume verändert die Klangfarbe bzw. den Vokal. Je nachdem, wie die Räume eingestellt sind, wirkt der Vokal auf die Bewegung der Stimmlippen zurück. Er kann die Be-

Vokale wirken auf die Stimmlippen zurück

wegung der Stimmlippen fördern oder erschweren. Beim Singen bemerkt man leicht, dass manche Tonhöhen besser auf bestimmten Vokalen zu singen sind als auf anderen (→ vergleiche dazu die Übung *Klarheit durch Klangkontakt* auf der CD-ROM). Dasselbe gilt für das Sprechen.

Klangwahrnehmung wirkt auf die Stimmlippen zurück

Die Klangwahrnehmung – körperlich wie über das Ohr – ist notwendiger Bestandteil des Regulierungskreislaufs zwischen Gehirn und Körper. Sie koordiniert die Einstellung und Regulierung der Körperteile und -räume. Im Abschnitt *Wahrnehmung und Handlung* dieses Kapitels wird das näher ausgeführt.

In der Abbildung *Mund, Nase und Rachen* (S. 158) können Sie die Möglichkeiten der Veränderung des Luftstroms im Mund-Nasen-Rachenraum sehen. Zunge, Lippen, Kiefer und weicher Gaumen sind beweglich. Sie können differenziert schließen und öffnen.

Der Kreis schließt sich

Das Schließen und Öffnen vollzieht sich, um Bedürfnisse der primären Ebene zu erfüllen. Soweit diese Bedürfnisse erfüllt sind, vollzieht sich das Schließen und Öffnen, um den Luftfluss und die Klangfarbe zu formen. Dies wirkt zurück auf die Bewegung und Beweglichkeit der Stimmlippen. Da diese Bewegung wiederum auf den Luftfluss von unten (Rippen, Bauch) wirkt, schließt sich hier ein Wirkkreis, der den ganzen Körper umfasst.

Entsprechende Übungen

Folgende Übungen nutzen diesen Zusammenhang zur spür- und hörbaren Verbesserung Ihrer Stimme
- im Kapitel *Der Stimmkompass:*
  - Papprolle
  - Vase
  - Hände
- im Kapitel *Der Notkoffer:*
  - Seufzen auf „w"
  - Die Aufrichtung

Den ganzen Körper einbeziehen

Es wird deutlich, dass Stimmarbeit den ganzen Körper mit einbeziehen muss. Alle Körperteile haben Einfluss auf den Klang und umgekehrt. Das macht auch deutlich, warum die Stimme lebenslang ein spannendes Feld ist!

Die Komplexität muss nicht ängstigen. Bedeutet sie doch zugleich, dass von jedem Punkt aus Veränderung zum Leichteren
hin angestoßen werden kann. Eine Veränderung an einem Teil
des Mobiles verändert alle anderen Teile mit – und damit die gesamte Form des Mobiles. Daher zielt Stimmarbeit weniger auf
den Versuch, eine bestimmte Einstellung zu fixieren („Halt den
Mund – und zwar genau in dieser Position!"), als vielmehr darauf,
die Eigendynamik des Mobiles und seiner Teilsysteme kennen zu
lernen und zu nutzen.

Eigendynamik verstehen und nutzen

Stimmarbeit zielt auf Differenzierung und Koordination.

8.2 Die Theorie und die Übungen

Vom Luftstrom aus betrachtet, wäre wünschenswert, dass Rippen
und Zwerchfell frei von anderen Tätigkeiten sind und somit den
Luftstrom flexibel gestalten können. Vor diesem Hintergrund
sind die Übungen im Buch zu sehen, die eine Reduzierung der
Spannung bzw. eine bessere Kraftverteilung im Körper bewirken.

Ziele: Freiheit und Flexibilität

Diese Übungen machen die Verknüpfung des ganzen Körpers
mit dem Phänomen Stimme deutlich, indem sie

Blick auf den Körper

- eine Lage wählen, für die der Körper nicht viel tun muss
  (angelehnt sitzen oder liegen),
- die Kraft im Körper besser verteilen
- oder indem sie die Beweglichkeit und Aufrichtung des
  Körpers erleichtern.

Vom Klang her gesehen, sind das auch Übungen, die

Blick auf den Klang

- mit leisen Tönen,
- mit viel Luft (beispielsweise die Übungen *Seufzen auf „w"*
  und *Hauch*) bzw.
- mit Wahrnehmungsthemen zu Zusammenklang und Rück-
  kopplung (beispielsweise die Übungen *Die Vase* und *Hände*)
  arbeiten.

Durch die Übungsstruktur entstehen Wahlmöglichkeiten

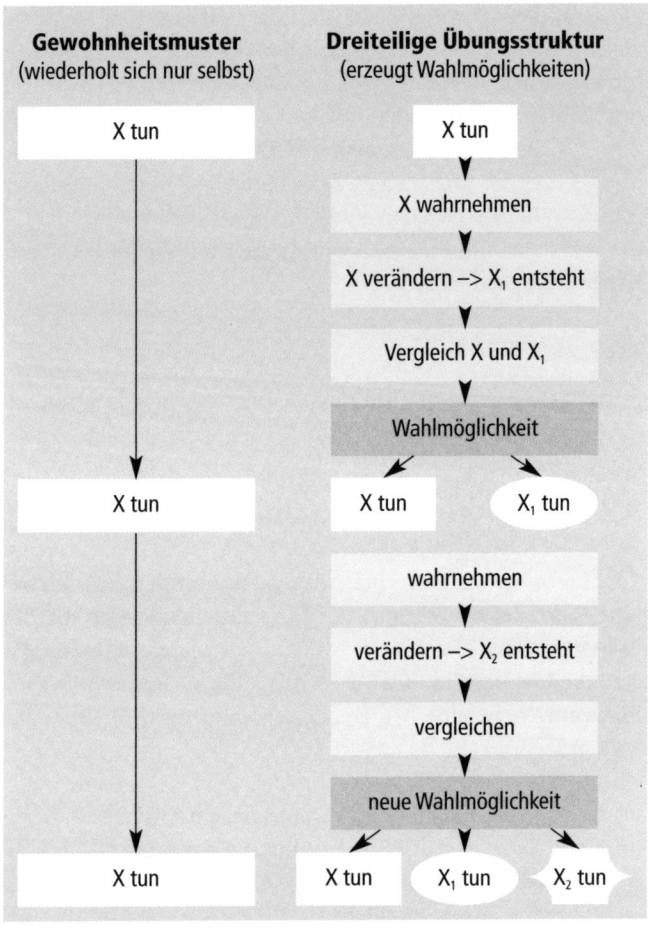

Bei allen Übungen wird die Fähigkeit zum gleichzeitigen Hören und Fühlen trainiert. Eine Übung, die sich nur auf einen (zum Beispiel den körperlichen) Aspekt bezieht, ist relativ nutzlos. Jeder Sportler müsste dann automatisch ein hervorragender Sprecher sein – er beschäftigt sich ja mit seinem Körper ...

Diese Beobachtung führt zu einem weiteren Punkt in der Betrachtung der Hintergründe zur Stimmarbeit und ist Gegenstand des nun folgenden Abschnitts *Wahrnehmung und Handlung*.

8.3 Wahrnehmung und Handlung

Das Nervensystem bildet mit dem Gehirn, den Nerven und den Rezeptoren in Muskeln und Sehnen sowie im Ohr ein komplexes Wirkgebilde – oder neudeutsch ausgedrückt: ein System.

Die Wahrnehmung steuert die Muskeln. Die Muskeln wiederum wirken zurück auf die Wahrnehmungsfähigkeit. Stellen Sie sich vor, jemand legte Ihnen einen Brief in die eine Hand und in die andere ein Buch. Es wäre leicht zu entscheiden, was von beiden schwerer ist und was leichter. Trügen Sie dabei aber in jeder Hand außerdem noch einen zwanzig Kilogramm schweren Koffer, würden Sie weder das Gewicht des Briefes noch das des Buches bemerken.

Brief, Buch und Koffer

Wenn die Muskeln auf einem solchen Kraftniveau arbeiten (zwanzig Kilo anheben), dann ist die Wahrnehmung auf ein viel zu grobes Raster eingestellt. Umgekehrt können Sie auf einem niedrigeren Spannungsniveau viel mehr und viel kleinere Unterschiede wahrnehmen.

Hohes Kraftniveau, grobes Raster

Je geringer der Reiz, desto feiner das Wahrnehmungsraster.

Dasselbe gilt für das Sehen: In einem dunklen Zimmer bemerkt man das Brennen eines Streichholzes sofort. Bei Tageslicht muss man schon genau hinschauen, um es zu sehen. Und wenn Sie am Strand in die Sommersonne sehen, dann könnten neben Ihnen die Fernlichter eines LKW anspringen, und es würde für Ihr Sehen keinen Helligkeitsunterschied mehr machen.

Streichholz und Sonne

Weil das Wahrnehmungsraster die Handlung steuert, werden die Handlungen eben so grob oder so fein, so plump oder so differenziert sein, wie es die steuernde Wahrnehmung zulässt. Übertragen auf das Hören gilt: Wenn es leiser wird, nehmen Sie immer mehr Unterschiede wahr. Wird es dagegen lauter, werden es immer weniger. Diesen Zusammenhang finden Sie in vielen Übungen des Buches wieder.

Mehr Unterschiede bei leisen Klängen

In allen drei Sinnessystemen (fühlen, sehen, hören) finden Sie dasselbe Verhältnis zwischen Reizstärke und Unterscheidungsfähigkeit: Je geringer das Reiz-Ausgangsniveau (keinen Koffer in der Hand, nicht in die Sonne schauen, mit leisen Klängen arbeiten), desto mehr Unterschiede können Sie wahrnehmen und desto differenzierter können Sie handeln.

Im bequemen Bereich üben

Effizientes Üben findet im bequemen Bereich statt und nicht an der Grenze. In den Übungen spiegelt sich das in der Anweisung wider, sich eine bequeme Lage, eine bequeme Tonhöhe und eine bequeme Lautstärke zu wählen.

Beispiel für verfeinernde Wahrnehmung

Hier finden Sie ein visuelles Beispiel für eine sich verfeinernde Wahrnehmung. Alle Abbildungen sind unterschiedlich grobe Darstellungen eines Originalbildes, das Sie ganz zum Schluss sehen. Die Grafiken sind zunehmend feiner gerastert. Jedes der folgenden Bilder ist in sich stimmig, korrekt.

Die Preisfrage lautet: Was ist das?

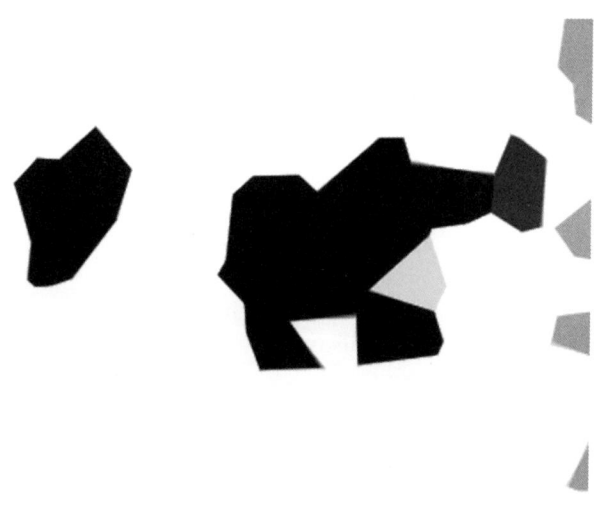

Und was ist das?

Was ist das hier?

Und was ist das?

Weltbilder Man könnte dieser Bildfolge den doppeldeutigen Titel „Weltbilder" geben. Interessant ist an den Abbildungen auch die Rolle der Störung: Was in den ersten Bildern ein bedeutsamer Teil des Ganzen ist, erscheint im letzten Bild im wahrsten Sinne des Wortes als Marginalie, als Randerscheinung (siehe den grauen Streifen am rechten Bildrand).

Wahrnehmungs- Stimmarbeit zielt auf eine Verfeinerung des Wahrnehmungs-
welten rasters, auf eine Veränderung des körperlichen und klanglichen Selbstbildes. Dabei hat jedes Selbstbild seinen Sinn – das eines „Anfängers" genauso wie das eines „Fortgeschrittenen". Denn die Bilder beziehen sich ja auf die je eigene Wahrnehmungswelt, und nur in der bewegen Sie sich.

Manches ist nur Analog zu der Weltbilder-Reihe kommt es dabei vor, dass ein
eine Marginalie Phänomen, das zu Beginn der Beschäftigung mit der Stimme großen Raum einnimmt, später nur noch eine Marginalie, eine für das Ganze unbedeutende Randerscheinung darstellt. Um dahin zu kommen, bedarf es der Entwicklung des gesamten Bildes.

Das Beispiel der unterschiedlich feinen Weltbilder macht auch anschaulich, dass der Erfolg einer Übung oder Anleitung stark vom Wahrnehmungsraster beider Seiten (Schüler und Lehrer) abhängt. Wenn Sie sich beispielsweise in der letzten Weltkarte bewegen (sehr differenzierte Wahrnehmung) und jemandem mit der ersten, groben Weltkarte den Tipp geben: „Geh mal nach Neuseeland, da ist es schön!" – was bedeutet dann für den anderen „Neuseeland"?

So mag es Ihnen mit manchen Übungsanweisungen oder Fragen gehen, die sich auf Gebiete beziehen, die (noch) nicht auf Ihrer inneren Landkarte erschlossen sind. Ziel der Übungen ist daher die Präzisierung der inneren Landkarte. Die verfeinerte Wahrnehmung ist für Ihre Stimme elementar wichtig. **Innere Landkarte präzisieren**

Alle Übungen des Buches verändern, erweitern und differenzieren die Wahrnehmung durch Fragen und durch Verminderung der Reizstärke. Die Übung *Bögen* im Kapitel *Der Stimmkompass* sowie die Übungen *Erinnerung an eine angenehme Sprechsituation* und *Das Bild des Sitzens* im Kapitel *Der Notkoffer* arbeiten direkt mit dem inneren Wahrnehmungsbild. **Wahrnehmung erweitern**

Auch Ihre Antworten innerhalb des Gerüsts für Eigenwahrnehmung (vgl. das Schaubild im Kapitel *Auftakt* auf Seite 17) werden mit der sich verbessernden Stimmfunktion immer differenzierter. **Antworten differenzieren**

Stimmarbeit zielt auf eine Verfeinerung des Wahrnehmungsrasters.

Die Wahrnehmen-Tun-Schleife
Wahrnehmung und Tun bilden eine Schleife. Neue Handlungsmöglichkeiten werden durch eine erweiterte Wahrnehmung eröffnet. Genau darauf zielen die Fragen und die dreiteilige Struktur der Übungen dieses Buches ab.

Körper und Klang sind nicht unabhängig voneinander zu trainieren. In der Fahrschule übt man ja auch nicht das Treten des Gaspedals im Klassenzimmer. Das Problem eines Fahranfängers **Beispiel Fahrschule**

171

liegt weniger darin, dass er über ungenügende Trittkraft verfügte oder nicht wüsste, wie Treten funktioniert, sondern darin, die Bewegung des Fußes mit dem Sehen zu koordinieren.

Wahrnehmung regelt Bewegung

Fragen wie „Wann soll ich das Gaspedal drücken?", „Wie stark?" oder „Wie lange?" werden nicht auf der Ebene des Körpers bzw. der Bewegung beantwortet („Wenn es sich gut anfühlt!", „Mit einer Kraft von hundert Newton!"). Die Antworten ergeben sich vielmehr aus dem, was der Fahrer durch Windschutzscheibe und Rückspiegel sieht, also auf der Ebene der Wahrnehmung. Das Sehen regelt beim Autofahren die Bewegung.

Wechselwirkung

Die Wirkrichtung ist aber keine Einbahnstraße, denn die Bewegung – zum Beispiel das Herumreißen des Steuers – verändert auch die Wahrnehmung. Wenn Sie nach dem Herumreißen statt der Straße nun plötzlich Kühe sehen (Wahrnehmung), hat dies eine unmittelbare Reaktion des Fußes (bremsen, also Bewegung) und der Arme (lenken, ebenfalls Bewegung) zur Folge, bis Sie wieder die Straße vor sich erblicken (Wahrnehmung).

■ Tun und Wahrnehmen bedingen und regeln sich wechselseitig.

Die Handlungsentwürfe des Gehirns

Handlungserwartung

Bevor Sie eine Handlung ausführen, entwirft das Gehirn ein Bild dieser Handlung, eine Handlungserwartung. Diese ist wichtig, um überprüfen zu können, ob die Handlung richtig ausgeführt wird oder nicht bzw. wann sie beendet sein soll. Sie neigen beispielsweise eine Teekanne so lange über der Tasse, bis sie voll ist. Dann beenden Sie das Neigen. Wer das noch nicht gelernt (Kinder) oder eine bestimmte Hirnverletzung erlitten hat, der gießt immer noch weiter – selbst wenn die Tasse längst voll ist.

Inneres Hörbild

Auf die Stimme und das Hören bezogen heißt das: Sie haben eine Klangerwartung, ein inneres Hörbild, an dem Sie sich orientieren. Dieses stellt Stimmlippen, Kehlkopf und alle weiteren Körperteile und -räume ein.

Eine Klangerwartung ist eine Gewohnheit, die sich aus alten Erfahrungen speist. Wer sich selbst als heiseren Menschen kennt, stellt sich immer wieder heiser ein. Eine Gewohnheit hat zwar den Vorteil, dass sie ein Tun so organisiert, dass Sie darüber nicht nachzudenken brauchen. Der Nachteil aber liegt auf der Hand, wenn die entsprechende Organisation nicht optimal ist. Dann stellen Sie sich gewohnheitsmäßig suboptimal ein und nennen das Ihren Normalzustand.

Suboptimale Gewohnheiten

Dieser Zusammenhang lässt sich mit dem Regelkreis einer Heizungsanlage vergleichen. Ist der Sollwert des Thermostats auf zwanzig Grad eingestellt, dann sagt der Thermostat der Heizung, sie möge heizen und heizen – so lange, bis zwanzig Grad, also der Sollwert, erreicht sind. Ob es Winter ist und alle Fenster und Türen offen stehen, spielt für den Thermostat dabei keine Rolle. Es lohnt sich also, den Sollwert und die Bedingungen, unter denen er erreicht werden soll, zu untersuchen.

Beispiel Heizung

Was Sie gewohnheitsmäßig tun, bemerken Sie nicht, und so ist die suboptimale Einstellung Teil Ihrer Welt- und Selbsterfahrung: Sie kennen die Welt und sich darin nicht anders. Stimmarbeit muss daher vor allem darauf zielen, überhaupt Erfahrungen außerhalb der Gewohnheit zu ermöglichen. Erst von dieser neuen und ungewohnten Warte aus betrachtet, wird die Gewohnheit erkennbar. Und erst dann können Sie beginnen, Alternativen dazu zu entwickeln.

Das Gewohnte durchbrechen

Eine wirkliche Veränderung verändert den *Sollwert*. Die Übungen des Buches ermöglichen es Ihnen, einen neuen Bezugsrahmen aufzubauen, in dem sich Ihr Sprechsystem einpendeln kann. Das Ermitteln des Ausgangszustandes im ersten Teil jeder Übung ist nichts anderes als das Klären des Sollzustandes. Der Vorher-Nachher-Vergleich ist damit ein Vergleich zweier Sollwerte. Der Übungseffekt verändert also den Sollwert. Wie das strukturell aussieht, zeigt der nächste Abschnitt.

Neuer Sollwert

Aus neu mach alt – die Macht der Gewohnheit nutzen

Die folgende Abbildung zeigt, wie Sie bei der Absicht, „etwas zu sagen", auf Ihr gewohntes Sprechmuster zurückgreifen. Das passiert so schnell, dass Sie den wichtigen Zwischenschritt zwischen der Absicht (etwas sagen wollen) und dem Ergebnis (sprechen) nicht bemerken.

Rückgriff auf gewohnte Sprechmuster

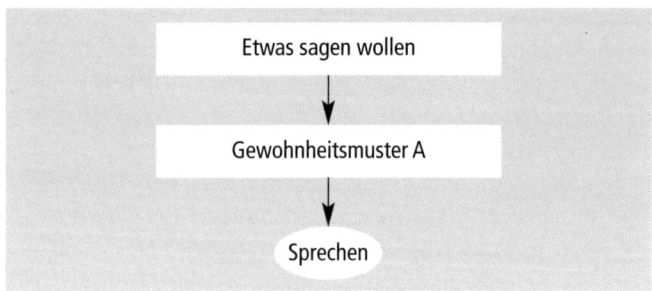

Merkmale einer Gewohnheit
Die Tatsache, dass Sie über das, was Sie tun, nicht nachdenken und den Ablauf des Geschehens auch nur schemenhaft wahrnehmen, ist – neben der hohen Geschwindigkeit des Ablaufes – Merkmal einer gewohnten Handlung. Gewohnheit ermöglicht ein rasches Reagieren, das innerhalb des eingeschliffenen Schemas abläuft. Gewohnheit erlaubt es, parallel mit der Aufmerksamkeit woanders zu sein. Beispielsweise kann sich ein geübter Autofahrer während der Fahrt mit dem Beifahrer unterhalten, die schöne Aussicht betrachten oder per CD eine Sprache erlernen.

Nachteile von Gewohnheiten
Gewohnheiten haben aber auch Nachteile. Wenn das, was Sie zur Gewohnheit gemacht haben, ein fehlerhaftes oder suboptimales Programm ist, dann reproduzieren Sie dieselben Fehler eben immer wieder und bemerken es immer erst im Nachhinein. Der Fehler selbst unterläuft Ihnen nämlich unterhalb der Schwelle der Wahrnehmung.

Abhängig von der Situation
Zudem ist jede Reaktion, Handlung oder Antwort auch situationsgebunden. Was in einem Kontext sinnvoll ist, kann in einem anderen völlig sinnlos sein. Als Kind mag es beispielsweise sinnvoll gewesen sein, einfach lauter zu brüllen, wenn die Außenwelt den eigenen Wünschen nicht nachkommt. Für einen Erwachsenen, der dasselbe Muster anwendet, kann dies dagegen problematisch werden.

Gewohnheiten haben also durchaus eine sinnvolle Funktion. **Beim Lernen**
Beim Lernen aber werden die Vorteile – schnelle Reaktion, un- **hinderlich**
bewusster Ablauf, Einhaltung des eingeschliffenen Weges – rasch
zum Hindernis.

Um aus dem Automatismus der Gewohnheit auszubrechen, sind **Fördernde**
stets eines oder mehrere der folgenden Elemente Teil der Übungen **Elemente**
dieses Buches:

- Verlangsamung
- Reduzieren der Kraft
- Lenken der Aufmerksamkeit auf bisher wenig oder gar nicht
  beachtete Körperteile
- Isolieren von ungewohnten Teilaspekten
- Veränderung des Kontextes

Diese Elemente führen dazu, dass Sie
1. Ihre Gewohnheiten überhaupt als solche erkennen und
2. neben dem gewohnten auch neue Muster etablieren können.
3. In einem weiteren Schritt wird das neue Muster schließlich
   zur neuen Gewohnheit.

Neue Gewohnheiten
einüben

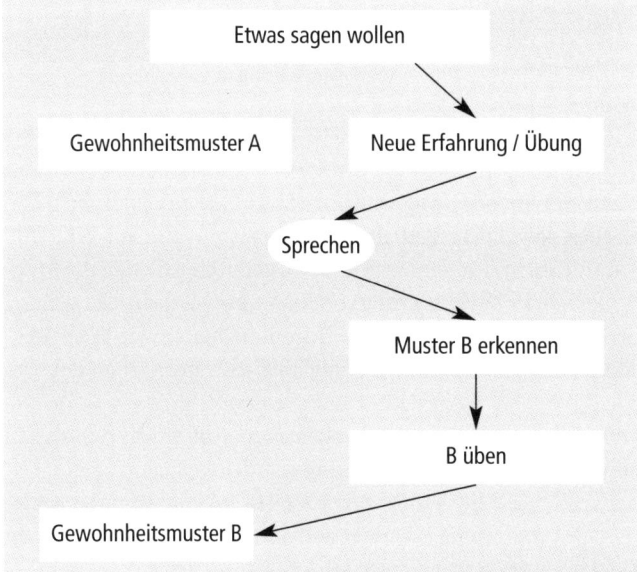

Erweiterung der Wahlmöglichkeiten

Ein solcher Lernprozess zielt also nicht darauf ab, ein suboptimales Muster auszulöschen („Ich werde nie wieder …!"), sondern er bereichert Ihr Handlungsrepertoire um eine neues Muster. Künftig haben Sie (erstmals) die Wahl zwischen Ihrer alten Gewohnheit – die ja in vielen Situationen durchaus sinnvoll ist – und dem neuen Muster, also der neuen Gewohnheit.

Die Aufmerksamkeit, die Fragen, das bewusste Wahrnehmen usw. brauchen Sie nur für die Dauer einer Übung, das heißt für den Lernprozess. Wenn Sie das Neue integriert haben, ist es nicht mehr neu, sondern fragloser Teil Ihrer selbst. Entsprechend ist auch die abschließende Darstellung wieder schlichter.

Wahl zwischen zwei Mustern

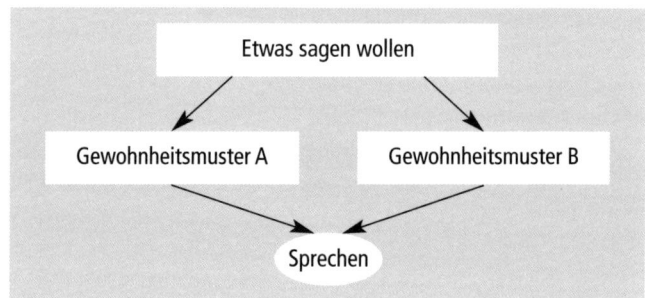

8.4 Der Klang und seine Teile

Klang sichtbar machen

Nach der Betrachtung der physikalischen und körperlichen Ebenen sowie dem Verhältnis von Gehirn, Wahrnehmung und Stimme dreht sich der letzte Abschnitt um Akustik und die Möglichkeiten der Visualisierung von Klang. Die bildliche Darstellung der Stimme macht es leichter, Stimmqualitäten wie Weichheit, Tiefe, Tonhöhe, Hauch und Tragfähigkeit zu verstehen.

Die grundlegenden Erläuterungen dieses Abschnitts münden in einer exemplarischen Darstellung der Phänomene Tragfähigkeit und Weichheit der Stimme. Die CD-ROM enthält unter anderem die Programme *Equalizer* und *Spectrograph*. Am PC können Sie damit die Ausführungen selbst nachvollziehen.

Die Teiltöne

Ein gesungener oder gesprochener Ton setzt sich aus vielen einzelnen Tönen zusammen. Diese werden Teiltöne oder auch Obertöne genannt. Diese Teiltöne hören Sie aber nicht einzeln. Vielmehr entsteht durch das Zusammenspiel der Teiltöne die typische Farbe eines Klangs.

Viele Teiltöne, ein Klang

Sie hören beispielsweise, ob ein Ton gesungen oder von einem Instrument – etwa einem Cello oder einer Flöte – gespielt wird. Sie können Kinder- von Erwachsenenstimmen unterscheiden und Frauen- von Männerstimmen. Innerhalb einer Stimme können Sie unterscheiden, ob jemand „a" oder „o" sagt. Sie können also Vokale erkennen – außer natürlich, Sie sind einer der „dre Chenesen met dem Kentrebess", die kennen bekanntlich bloß einen Vokal.

Teiltöne und Klangfarbe

Der Klang ist eine komplexe Schwingungsform. Diese lässt sich in einzelne Sinusschwingungen zerlegen. Analog einem Verfahren aus der Optik, in dem weißes Licht mittels eines Prismas in die Spektralfarben zerlegt wird, spricht man bei dieser Darstellungsform des Klangs auch vom Klangspektrum.

Zerlegung ins Klangspektrum

Der Klang im Spectrographen

Ein Spectrograph stellt das Klangspektrum in seinem zeitlichen Verlauf dar. Das entstehende Bild heißt Sonagramm. Mittels des Spectrographen können Sie selbst solche Bilder mit der Stimme oder pfeifend malen. Hier sehen Sie beispielhaft das Sonagramm eines gesungenen Tons von etwa fünf Sekunden Dauer.

Das Sonagramm

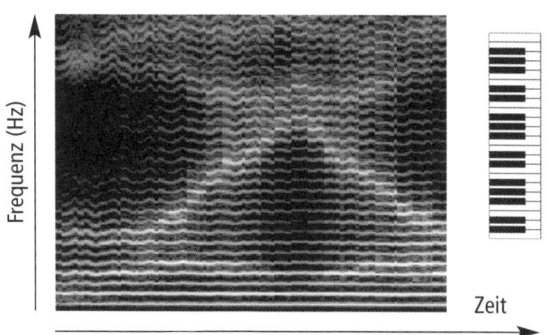

Beispiel für ein Sonagramm

Klang-Lasagne Die Teiltöne liegen wie bei einer Lasagne in Schichten übereinander. Die unterste Linie repräsentiert den ersten Teilton, die zweite Linie von unten den zweiten Teilton, die dritte den dritten usw.

Je weiter oben, desto höher der Ton Die vertikale Achse (also die Lasagneschichten) kann man sich analog der Klaviertastatur vorstellen: je weiter oben auf der Tastatur, desto höher der Ton. Das oben abgebildete Spektrum reicht bis an den äußersten Rand des Klaviers. Der für den Stimmklang relevante Frequenzbereich geht sogar noch darüber hinaus. In den folgenden Darstellungen sehen Sie die Sonagramme ohne Achsenbezeichnung.

Je heller, desto lauter Je heller die Linien sind, desto lauter ist der entsprechende Teilton. Das nächste Sonagramm stellt einen gesungenen Stimmklang dar, der stetig leiser wird. Die Linien, welche die einzelnen Teiltöne darstellen, werden dunkler, die Gesamtenergie aller Teiltöne nimmt ab. Die Stimme wird immer leiser.

Ein leiser werdender Ton

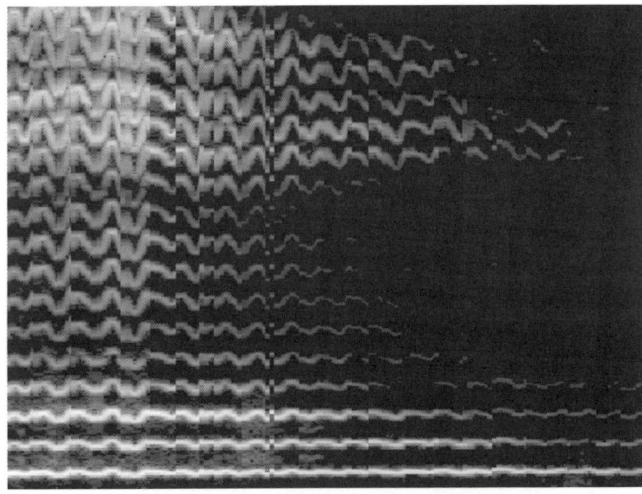

Tonhöhe bleibt gleich Die Abstände der Teiltöne zueinander bleiben konstant, das heißt, die Tonhöhe bleibt erhalten. Die Stimme wird nur leiser und nicht zugleich höher oder tiefer. Probieren Sie es einmal selbst an Ihrem Computer aus!

Die Tonhöhe im Spectrographen

Das folgende Sonagramm zeigt einen Klang, der stetig fließend in der Tonhöhe nach oben rutscht (Glissando). Die unterste Linie liegt zum Schluss (also ganz rechts auf dem Sonagramm) auf derselben Höhe wie die zweite Linie ganz links. Das bedeutet, dass die Person die Tonhöhe stetig erhöht hat – und zwar insgesamt um eine Oktave.

Die Tonhöhe nach oben verändern

Falls Sie sich ein Glissando anhören möchten, finden Sie auf der CD zwei Hörbeispiele.

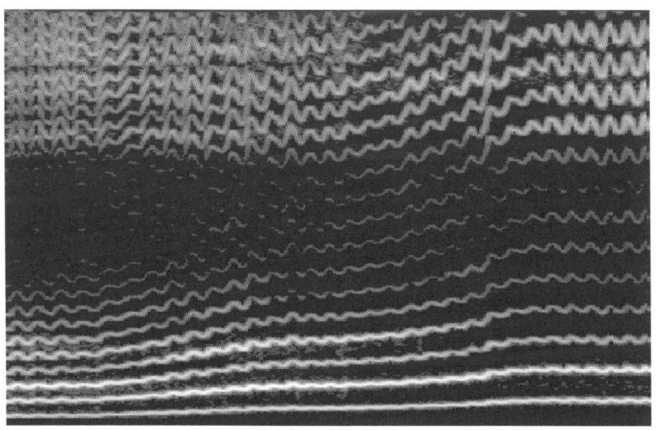

Glissando
um eine Oktave
von unten nach oben

Gut zu erkennen ist, dass die Abstände zwischen den einzelnen Teiltönen im zeitlichen Verlauf immer größer werden. Was hat es damit auf sich? Die Frequenz der Teiltöne bezieht sich immer auf die Frequenz des ersten Teiltons. Der zweite Teilton hat die doppelte Frequenz, der dritte Teilton die dreifache Frequenz usw. Wenn die Frequenz des ersten Teiltons 100 Hz beträgt, dann hat der zweite Teilton 200 Hz, der dritte Teilton 300 Hz, der vierte 400 Hz usw.

Warum der Abstand größer wird

Erhöht sich nun die Tonhöhe durch das Glissando um eine Oktave, beträgt die Frequenz des ersten Teiltons nun nicht mehr 100 Hz, sondern 200 Hz. Die Frequenzen der weiteren Teiltöne liegen entsprechend bei 400 Hz, 600 Hz, 800 Hz usw. Der Abstand der Linien vergrößert sich.

Je weiter auseinander, Das Ohr konstruiert aus den Abständen der Teiltöne die Ton-
desto höher der Ton höhe. Je weiter die Teiltöne auseinander liegen, desto höher ist
der Ton.

Oktavsprung Im folgenden Sonagramm sehen Sie zwei Stimmklänge ver-
schiedener Tonhöhe. Der zweite Klang (rechts) ist genau um eine
Oktave höher als der erste. Der zweite Teilton des ersten Klangs
liegt auf derselben Höhe wie der tiefste des zweiten Klangs.

Oktavsprung

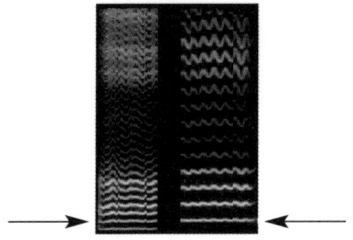

Männer und Frauen Singen beispielsweise Männer und Frauen zusammen, dann
liegt die Männerstimme oft genau eine Oktave unter der Frauen-
stimme. Beide singen dann „einstimmig" „denselben" Ton – die
Frauen eben nur eine Oktave höher als die Männer.

Die Männer singen dann beispielsweise einen Klang mit der
Teiltonreihe 100 Hz, 200 Hz, 300 Hz, 400 Hz usw. Bei den Frauen
ergibt sich die Teiltonreihe 200 Hz, 400 Hz, 800 Hz, 1000 Hz usw.
Der Abstand zwischen zwei beliebigen benachbarten Teiltönen
beträgt bei den Männern dann immer 100 Hz, bei den Frauen
immer 200 Hz.

Frequenzen zuordnen Dem Ohr genügt es, einen beliebigen Ausschnitt aus dem Ge-
samtklang zu hören, um die korrekte Tonhöhe zu ermitteln. Das
Ohr ist in der Lage, sich aus Teilen das Ganze zu konstruieren.
Diese Eigenschaft ermöglicht es auch, im Lärm einer Kneipe die
Stimme eines Bekannten herauszuhören.

 Das Programm *BrainTones* auf der CD zeigt zu jeder beliebigen
Frequenzzahl die entsprechende Tonhöhenbezeichnung an.
Wenn Sie *BrainTones* zusammen mit dem *Spectrographen* be-

nutzen, können Sie die Töne auf dem Bildschirm auch sichtbar machen.

Die Helligkeit der Linien zeigt den Schallpegel des jeweiligen Teiltons an: Je dunkler die Linie, desto niedriger der Pegel. Im obigen Beispiel ist gut zu sehen, dass die Verteilung von dunklen und hellen Bereichen in beiden Tönen gleich ist: Das untere Drittel ist bei beiden relativ hell, das mittlere wesentlich dunkler. Beide Töne sind auf dem Vokal „o" gesungen.

Verteilung der Lautstärke

Die Vokale
Welchen Vokal Sie hören, hängt davon ab, in welchem Frequenzbereich die Teiltöne stark ausgeprägt sind. Um einen Vokal zu hören (oder zu erzeugen), müssen die Teiltöne in bestimmten Frequenzbereichen lauter bzw. leiser sein. Die Veränderung des Klangspektrums bewirken Sie mittels Kieferstellung, Zungenform, Lippenform, Einstellung des Rachens sowie des Kehlkopfes – also über die Einstellung Ihrer Körperräume.

Vokale entsprechen bestimmten Klangspektren

Diese Frequenzbereiche sind innerhalb gewisser Grenzen festgelegt. Wollen Sie „a" sagen, müssen Sie in einem bestimmten Bereich schwache, in einem anderen Bereich dagegen starke Teiltöne erzeugen – unabhängig von der Tonhöhe. Dies gilt für alle Menschen, egal ob Mann oder Frau, Chinese oder Ostfriese. Jedem Vokal entsprechen bestimmte Frequenzbereiche.

Bereiche sind festgelegt

Wenn Sie sich jetzt noch einmal das Sonagramm zum Glissando anschauen, werden Sie bemerken, dass sich die gesamte Teiltonstruktur mit zunehmender Tonhöhe zwar nach oben verschiebt und zugleich die Abstände der Teiltöne zueinander größer werden. Der mittlere Frequenzbereich bleibt dabei aber permanent dunkel (also leise). Der Klang verändert zwar seine Tonhöhe, nicht aber seinen Vokal. Dasselbe gilt für das Bild vom Oktavsprung: Die hellen (also lauten) Ausprägungen finden sich bei beiden Klängen in derselben Region wieder.

Klangspektrum beim Glissando

Probieren Sie es selbst aus. Sie können auf derselben Tonhöhe unterschiedliche Vokale singen oder sagen und dabei beobachten, wie sich das Klangspektrum verändert.

8. Hintergründe

Die beiden Linien zeigen in etwa den Verlauf der Lautstärke-verschiebungen im Spektrum an, wenn Sie die benannten Vokale hören.

Vokalglissando

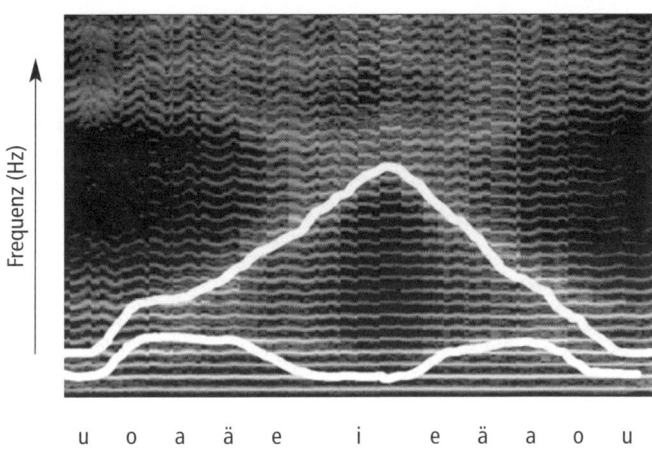

Zwei Frequenzbereiche
Es sind jeweils zwei Frequenzbereiche, die für das Phänomen der Vokale zuständig sind. Beim „u" liegen die Frequenzbereiche recht tief und dicht beieinander, beim „o" parallel höher und so auch beim „a". Für das „e" jedoch wandert der hellere Vokalanteil noch höher, der tiefe Anteil aber im Vergleich zum „a" wieder tiefer. Der tiefe Anteil beim „e" ist mit dem tiefen „o"-Anteil vergleichbar. Beim „i" ist der tiefe Vokalanteil wieder derselbe wie beim „u".

Ein Vokal besteht aus einem hellen und einem tiefen Anteil.

Die Struktur der Lautstärkeverteilung im Spektrum, welche die Wahrnehmung dieser Vokale hervorruft, ist für jeden Sprecher bzw. Sänger ähnlich. Jedem Vokal entspricht eine eigene Struktur.

Mehr Klangfülle

Helle Vokale
Das Bewusstsein für beide Vokalanteile gibt den „hellen" Vokalen (also „e", ä", „i", „ö") mehr „Boden", macht sie „runder" und „tiefer". Denn leicht sticht bei diesen Vokalen eher der obere An-

182

teil hervor und wird so auch noch verstärkt. Ziehen Sie Ihre Lippen zu einem übertriebenen Lächeln breit, und sprechen Sie auf diese Weise. Das hat zur Folge, dass diese Vokale tendenziell „dünner" werden, als sie sein müssten.

Die (umgangssprachlich) dunklen Vokale (wie „o" und „u") gewinnen an Helligkeit, Tragfähigkeit und Klarheit, wenn Sie bei ihnen mehr und mehr auch die oberen Klanganteile wahrnehmen können. **Dunkle Vokale**

→ Im Kapitel *Der Stimmkompass* finden Sie in der Übung *Das Vokalkästchen* eine Darstellung der Einstellungen von Zunge und Unterkiefer, welche die Vokale erzeugen.

Zwei Beispiele: Tragfähigkeit und Weichheit
Tragfähigkeit und Weichheit lassen sich gut vor dem Hintergrund der Teiltonstruktur verstehen und im Sonagramm zeigen.

Die CD enthält für Ihren PC die beiden Programme *Equalizer* und *Spectrograph*. Mit diesen Programmen können Sie die Erklärungen an Ihrer eigenen Stimme nachvollziehen und die beiden grundlegenden stimmlichen Eigenschaften – Tragfähigkeit und Weichheit – trainieren. Sie können den Fortschritt nicht nur hören und fühlen, sondern mit Unterstützung der Programme auch am Bildschirm sehen.

Für die Stimmentwicklung ist die Ausbildung beider Eigenschaften wichtig. Die Orientierung zur Weichheit hin sorgt dafür, dass Sie bei der Erfüllung von Leistungskriterien – zum Beispiel Tragfähigkeit – nahe an Ihren primären Bedürfnissen bleiben (frei atmen zu können, keine Angst zu haben sowie beweglich und lebendig zu bleiben). Sind die primären Bedürfnisse nicht erfüllt, rächt sich das in allen bekannten Formen von problematischen Stimmphänomenen wie etwa Heiserkeit, Stimmmüdigkeit usw. **Die primären Bedürfnisse erfüllen**

Hohes Klangband
Für die Tragfähigkeit und Verständlichkeit der Stimme spielen hohe „Klangbänder" eine gewisse Rolle. Damit sind Teiltöne im

Bereich um etwa 3000 Hz gemeint. Auf dem vorigen Bild sehen Sie ein solches Klangband im oberen Bilddrittel. Sie können diesen Bereich aber auch in Ihrem eigenen Stimmklang sichtbar machen. Im Spectrographen zeigt der vertikale Balken links die Frequenz in Hz (in Tausend).

Untersuchungen beim klassischen Gesang
Die Tragfähigkeit ist besonders im klassischen Gesang wichtig und wurde dort auch besonders untersucht. Die Ergebnisse dieser Untersuchungen sind in den vergangenen Jahrzehnten in Stimmkonzepte und in die Stimmpädagogik eingeflossen.

Sänger gegen Orchester
Das Problem, das sich einem Opernsänger stellt, ist der Orchesterklang. Die Frage lautet: „Wenn zugleich mit mir Kontrabässe, Celli, Pauken, Flöten usw. ertönen, wie hört man *mich* dann noch?" Die Stimme wird in den unteren Regionen von anderen Klängen maskiert, also überlagert und damit unhörbar gemacht – also könnte der Sänger lauter werden. Diesen Kraftakt aber wird er leicht verlieren – er tritt ja gegen ein ganzes Orchester an!

Bereich um 3000 Hz verstärken
Es gibt einen anderen Weg, der aus dem Dilemma führt: Der Sänger verstärkt einen Frequenzbereich, der im Orchesterklang nicht oder nur schwach ausgeprägt ist – den Bereich um 3000 Hz. Auf der Abbildung *Vokalglissando* (S. 182) sehen Sie über dem breiten für die Vokale verantwortlichen Band Ausprägungen eines Teiltonbandes ab 3000 Hz.

Virtuelle Tonhöhe
Wie aber hört sich das an, wenn der Orchesterklang die tieferen Teiltöne der Stimme verschluckt und die oberen sich aus dem Restklang hervorheben? Ziemlich piepsig? Wie ein flirrendes Insekt? Kann man da überhaupt noch von Stimme und Gesang sprechen? Die Antwort auf diese letzte rhetorische Frage lautet: Ja. Denn das Gehör setzt aus den Frequenzen des Teilbereiches um 3000 Hz die richtige Tonhöhe zusammen. Dieses Phänomen wird „virtuelle Tonhöhe" genannt.

Mehr Tragfähigkeit durch Sängerformanten

Sensibilitätsmaximum
Die Ohrmuschel leitet Frequenzen um 3000 Hz gut weiter, und die Hörkurve zeigt bei 3000 Hz eine relativ hohe Sensibilität. Starke Teiltöne in diesen Regionen heißen *Sängerformanten*.

Das Produzieren solcher Sängerformanten ist eine Frage des differenzierten Hörens, also der Wahrnehmung. Diese regelt die Feinjustierung des Körpers. Sängerformanten können von der Artikulation und den unterschiedlichen Vokalen unabhängig bleiben. Damit ist die Stimme immer – und letztlich mit geringem Aufwand – enorm tragfähig.

Eine Frage der Wahrnehmung

Dazu bedarf es eines ausgedehnten Trainings, und den Sängerformanten ganz allein nach Anleitung eines Buches zu erarbeiten wäre ein Unterfangen, dessen Erfolg eher unwahrscheinlich ist. Dieses spezielle Training ist aber für die Zwecke als Dozent, Trainer und Präsentator auch nicht nötig. Allein die Orientierung darauf hin und die Beschäftigung mit den „hohen Klangbändern" bewirkt bereits viel für die Tragfähigkeit Ihrer Stimme.

Schon die Orientierung bringt viel

Das hohe Klangband in Ihrer Stimme

Um mit den hohen Teiltönen Ihrer Stimme in Kontakt zu treten, können Sie diese vermittels des Equalizers, der sich auf der CD befindet, einfach lauter hörbar machen. Beim Equalizer sind die einzelnen Bänder mit entsprechenden Frequenzen beschriftet. Um sie zu sehen, fahren Sie mit dem Mauszeiger über den jeweiligen Regler.

Ziehen Sie die Regler für den hohen Bereich nach oben und die anderen nach unten. Wie dies funktioniert, ist im interaktiven Stimmtraining auf der CD unter dem Menüpunkt *Der Equalizer* genauer beschrieben. Singen Sie nun ins Mikrofon, und achten Sie dabei auf den Klang, der aus den Boxen oder aus dem Kopfhörer zu Ihnen zurückkommt. Das Ohr reagiert normalerweise sofort, die gehörten Frequenzen verstärken sich in Ihrer Stimme.

Hohen Bereich verstärken

Um diese Frequenzbänder dauerhaft in Ihrer Stimme zu etablieren, müssen Sie sich eine Weile mit ihnen und mit den folgenden Fragen beschäftigen:

Nützliche Fragen

- Wo können Sie die hohen Frequenzen in sich wahrnehmen?
- Bei welchen Vokalen haben Sie mehr davon in der Stimme?
- Bei welchen Tonhöhen haben Sie mehr davon in der Stimme?
- Können Sie auch im Sprechen etwas von den hohen Frequenzen hören?

■ Wie hat sich der Sprechklang nach mehrminütiger Beschäftigung mit dem Equalizer verändert – selbst, wenn Sie die vorigen Fragen noch nicht ganz bzw. nicht alle davon beantworten konnten?

Übungen für mehr Tragfähigkeit

Die folgenden Übungen befassen sich mit der Tragfähigkeit und Durchsetzungsfähigkeit der Stimme:

■ Die Papprolle (im Kapitel *Der Stimmkompass*)

■ Erweiterung der Papprolle (im Kapitel *Der Stimmkompass*)

■ Hände (im Kapitel *Der Stimmkompass*)

■ Tragfähigkeit/Durchsetzungsfähigkeit (im interaktiven Stimmtraining auf der CD im Menüpunkt *Die Programme*, Untermenü *DuBaron Equalizer*)

Wenn Sie wollen, können Sie die Wirkung der Übungen auch am Spectrographen überprüfen.

Weicher Einsatz

Kräftig oder weich

Am Beginn eines Tons – man spricht dabei auch vom *Einsatz* – kann man sehr gut sehen, ob dieser mit übermäßiger Kraft oder geschmeidig erzeugt wird, also mit Weichheit im Klang. Die Abbildung zeigt links einen harten und rechts einen weichen Einsatz.

Weicher Einsatz

Beim weichen Einsatz sehen Sie die Linien von Beginn an einzeln, nicht verdichtet. Außerdem scheinen nicht alle Linien (Teiltöne) gleichzeitig da zu sein – manche kommen erst etwas später dazu. Hier beginnt die Stimme weich. Auf der CD finden Sie ein Klangbeispiel für einen harten und weichen Einsatz.

Harter und weicher Einsatz in Wellenform

Auf dem unteren Balken des Spectrographen sehen Sie solche Wellenformen des Klangs:

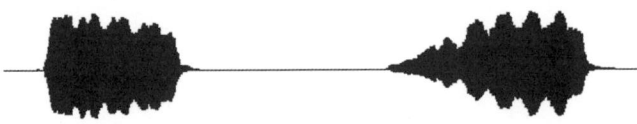

Links ist der harte Einsatz zu sehen, rechts der weiche Einsatz.

Beobachten Sie Ihren eigenen Stimmeinsatz im Spectrographen: **Die eigene Stimme**
- Ist der Einsatz eher hart oder eher weich?
- Können Sie auf beide Arten sprechen?
- Welche Art fällt Ihnen leichter?
- Was müssen Sie für die eine, was für die andere Art tun?

Die folgenden Übungen befassen sich mit der Weichheit der **Übungen für**
Stimme und dem weichen Einsatz: **mehr Weichheit**

1. Seufzen auf „w" (im Kapitel *Der Notkoffer*)
2. Hauch (im Kapitel *Der Notkoffer*)
3. „mm –nn-ng" (im Kapitel *Der Notkoffer*)
4. Die Tiefe des Klangs (im interaktiven Stimmtraining auf der CD im Menüpunkt *Die Programme*, Untermenü *DuBaron Equalizer*)
5. Sitzen, liegen (im Kapitel *Der Stimmkompass*)
6. Hauch (im Kapitel *Der Stimmkompass*)
7. Bögen (im Kapitel *Der Stimmkompass*)
8. Vase (im Kapitel *Der Stimmkompass*)
9. Seufzen (im Kapitel *Der Stimmkompass*)
10. Wie sag ich's meinem Hund? (im Kapitel *Der Stimmkompass*)

Wenn Sie wollen, können Sie auch bei diesen Übungen die Wirkung am Spectrographen überprüfen.

8.5 Faszination Stimme

Selbst diese kurze Darstellung der Hintergründe zum Phänomen Stimme lässt seine Vielschichtigkeit und Faszination aufschimmern. Die komplexe Vernetzung macht deutlich, warum manipulative Einzeleingriffe in die Stimme nicht viel bewirken: In vernetzten Systemen führt nicht der vermehrte Einsatz von Kraft, sondern die Steigerung der Sensibilität, die Verfeinerung des Rasters und damit die Fähigkeit zum feinen Verschieben von Akzenten zum besseren Funktionieren.

Dafür brauchen Sie Handwerkszeug auf der sensorischen Ebene. Dieses Handwerkszeug liefern die Übungen des Buches. Während in Sachen Kraft die Grenzen schnell erreicht sind – mehr als alles maximal anspannen kann man nicht –, gibt es in der Koordination eigentlich keine Grenzen. Grenzen sind hier nur die Grenzen der Wahrnehmung und der Fähigkeit, unterschiedliche Aspekte miteinander in Beziehung zu setzen.

Diese beiden Grenzen dehnen sich mit der Erfahrung aus und können immer größer werden. Die Übungen des Buches weisen dafür den Weg.

Die CD-ROM

Auf der CD finden Sie ein Hörbuch mit vier Übungen des *Not-* **Für den CD-Player**
koffers zum Anhören und Mitmachen. Diese Übungen sowie **und den PC**
mehrere Klangbeispiele können Sie über einen gewöhnlichen
CD-Player abspielen. Darüber hinaus beinhaltet die CD ein
interaktives Stimmtraining, das Sie auf einem PC benutzen
können.

Inhalte der CD

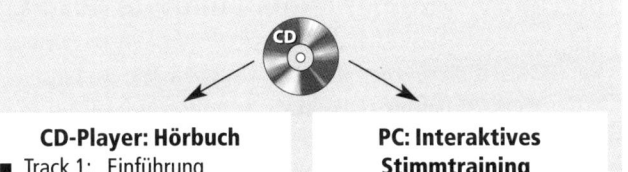

CD-Player: Hörbuch
- Track 1: Einführung
- Track 2: Übung „Erinnerung an eine angenehme Sprechsituation"
- Track 3: Übung „Das Bild des Sitzens"
- Track 4: Übung „Seufzen auf ‚w'"
- Track 5: Übung „Die Aufrichtung"
- Track 6: Klangbeispiel „Text – geflüstert"
- Track 7: Klangbeispiel „Text – stimmlose Konsonanten"
- Track 8: Klangbeispiel „Glissando von unten nach oben"
- Track 9: Klangbeispiel „Glissando von oben nach unten"
- Track 10: Klangbeispiel „Harter Einsatz"
- Track 11: Klangbeispiel „Weicher Einsatz"

PC: Interaktives Stimmtraining
- Drei Programme:
  - Equalizer (DuBaron.exe)
  - Sinuswellengenerator BrainTones (ToneGen.exe)
  - Spectrograph (winspec.exe)
- Anleitung und Erklärungen (index.html)

Das Hörbuch

Neben einer Einführung in das Üben enthält das Hörbuch die ersten vier Übungen des Notkoffers sowie vier Klangbeispiele. Insgesamt haben die Kapitel des Hörbuches eine Dauer von etwa 50 Minuten.

Legen Sie die CD in einen CD-Spieler ein, und nehmen Sie sich ungefähr zehn Minuten Zeit für jede Übung.

Interaktives Stimmtraining mithilfe des PC

Start per Doppelklick Die CD enthält neben dem Hörbuch auch Software und Übungen, die Ihnen ein interaktives Stimmtraining ermöglichen. Um die Startseite des interaktiven Stimmtrainings aufzurufen, gehen Sie folgendermaßen vor:

- Legen Sie die CD in das Laufwerk eines PC.
- Öffnen Sie durch Klicken den Ordner „DsS" („Die souveräne Stimme").
- Starten Sie die Datei „index.html" mit einem Doppelklick.

Start aus dem Webbrowser Nun startet Ihr Webbrowser. Alternativ zum eben beschriebenen Vorgehen können Sie die Datei „index.html" auch aus Ihrem Webbrowser heraus öffnen. Wählen Sie dabei im Menü „Datei" den Menüpunkt „Datei öffnen" (beim Webbrowser *Safari* finden Sie den Menüpunkt „Datei öffnen" unter „Ablage").

Je nach Bedarf und Interesse können Sie sich nun durch das Menü auf der linken Seite klicken. Schritt für Schritt können Sie sich mit der Funktionsweise, dem Nutzen und der Anwendung der Programme vertraut machen.

Die Programme

Drei Programme Die folgenden Programme sind im interaktiven Stimmtraining enthalten:
1. DuBaron Digital Equalizer
2. BrainTones
3. Spectrograph

Die Programme nehmen wenig Speicherplatz ein und sind sehr vielseitig einsetzbar. Sie sind ohne weitere Installation betriebsbereit.

Der Equalizer

Mit dem Equalizer können Sie Ihren eigenen Stimmklang modifiziert hören und dadurch den Stimmklang selbst verändern. Dafür muss ein Mikrofon sowie ein Lautsprecher bzw. Kopfhörer an Ihrem PC angeschlossen sein.

Den Klang verändern

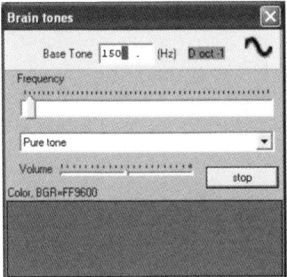

Screenshot des Equalizers

Mit Unterstützung des Equalizers können Sie unter anderem
- mehr Weichheit und Tiefe sowie
- mehr Tragfähigkeit in Ihre Stimme bekommen.

Vorteile für die Stimme

Der Sinuswellengenerator

BrainTones ist ein einfach zu bedienendes Werkzeug, mit dem Sie Sinuswellen erzeugen können.

Screenshot des Sinuswellengenerators

Ziel der Übungen Ziel der Übungen mit *BrainTones* ist es, Kontakt zu Ihren Obertönen herzustellen. Klangkontakt ist eine wirkungsvolle Art, das eigene Klangspektrum zu erweitern. Ein erweitertes Klangspektrum bedeutet größere Klarheit und Verständlichkeit sowie Tragfähigkeit bei vermindertem Aufwand.

Der Spectrograph

Stimme visualisieren Mit dem *Spectrographen* können Sie Stimmqualitäten leicht visualisieren und auf diese Weise ein externes Feedback für das eigene Hören und Fühlen bekommen. In diesem Abschnitt des interaktiven Stimmtrainings geht es um folgende Aspekte:

- Tiefe im Klang
- Harter und weicher Stimmeinsatz
- Hauch
- Tragfähigkeit der Stimme

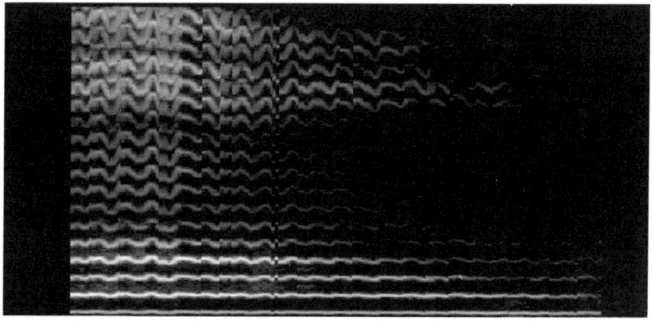

Nutzen des Spectrographen Der *Spectrograph* erzeugt bewegte und farbige Bilder von Ihrer Stimme, die so ähnlich wie in dem Screenshot aussehen. Zu sehen, was man hört, hilft, die eigene Wahrnehmung zu klären, und erleichtert das Verständnis des Phänomens Klang. Anhand solcher Sonagramme wird auch im Kapitel *Hintergründe* die Teiltonstruktur sichtbar gemacht.

Probleme mit der Software

Probleme mit der Installation oder der Kompatibilität sind nicht bekannt. Die Software ist viren- und wurmfrei. Dennoch muss natürlich darauf hingewiesen werden, dass die Benutzung – wie bei jeder Software – auf eigene Gefahr erfolgt.

Stichwortverzeichnis

Stichwortverzeichnis

Stimmprobleme 47
Stimmqualitäten 140
Stimmsymptom 47 f.
Stimmtraining, funktionales
    18
Stimmtraining, interaktives
    11, 190
Stimmunterricht 146
Störschall 139
Stresssituation 47
Symptome 19

T
Technik, lustvolle 57
Teiltöne 177, 179 f., 183 f.
Telefonbuch 10, 115
Tempo 17, 89
Tiefe 53
Tonhöhe 17
Tragfähigkeit 10, 43, 46, 48 ff.,
    59, 113, 151, 183f.

U
Übungen 13
Übungsimpuls 12
Übungsstruktur 12, 22, 166

V
Vase 80, 83
Verhaltensstruktur 14
Verständlichkeit 10, 43, 46,
    48 f., 56, 99, 113
Vogelstand 92 f.
Vokalglissando 182, 184
Vokalkästchen 103

W
Wahrnehmung 12, 16, 19, 167
Wahrnehmungsgerüst 16

Wahrnehmungsraster 167
Wahrnehmungsstruktur 14
Wärme 10, 43, 46, 48 f., 52,
    72, 113
Weichheit 53, 183

Z
Zuhörer 122
Zunge 103 f., 106, 157 f.
Zungenbein 161
Zwerchfell 156, 161, 165

Unterhaltsame Schweinehundzähmung

 Günter, der innere
Schweinehund, wird Chef
€ 9,90 (D) / € 10,20 (A) / sFr 17,90
ISBN 978-3-86936-019-5

 Günter lernt verkaufen
€ 9,90 (D) / € 10,20 (A) / sFr 17,90
ISBN 978-3-89749-501-2

 Günter, der innere
Schweinehund, hat Erfolg
€ 9,90 (D) / € 10,20 (A) / sFr 17,9
ISBN 978-3-89749-731-3

 Günter, der innere
Schweinehund, wird schlank
€ 9,90 (D) / € 10,20 (A) / sFr 17,90
ISBN 978-3-89749-584-5

 Günter, der innere
Schweinehund, geht ins Büro
€ 9,90 (D) / € 10,20 (A) / sFr 17,90
ISBN 978-3-89749-803-7

 Günter, der innere
Schweinehund, wird Nichtrauc
€ 9,90 (D) / € 10,20 (A) / sFr 17,9
ISBN 978-3-89749-625-5

 Günter, der innere
Schweinehund, lernt flirten
(Audio)
€ 25,90 (D) / € 26,20 (A) / sFr 43,90
ISBN 978-3-89749-824-2

 Günter, der innere
Schweinehund, wird fit
(Audio)
€ 25,90 (D) / € 26,20 (A) / sFr 43,90
ISBN 978-3-89749-972-0

 Günter Plüschtier
empf. VK € 19,95 (D) / € 20,20 (A)
/ sFr 33,90
ISBN 978-3-89749-774-0

Weitere Informationen finden Sie unter www.gabal-verlag.de

Business-Bücher für Erfolg und Karriere

Hartmut Laufer
Grundlagen erfolgreicher Mitarbeiterführung
ISBN 978-3-89749-548-7
€ 19,90 (D) / € 20,50 (A) /
sFr 33,90

Hans-Jürgen Kratz
Stolpersteine in der Mitarbeiterführung
ISBN 978-3-86936-012-6
€ 19,90 (D) / € 20,50 (A) /
sFr 33,90

Brigitte Scheidt
Neue Wege im Berufsleben
ISBN 978-3-89749-921-8
€ 19,90 (D) / € 20,50 (A) /
sFr 33,90

Josef W. Seifert
Moderation und Konfliktklärung
ISBN 978-3-86936-011-9
€ 17,90 (D) / € 18,50 (A) /
sFr 31,90

Hanspeter Reiter
Effektiv telefonieren
ISBN 978-3-89749-860-0
€ 17,90 (D) / € 18,50 (A) /
sFr 31,90

Rolf Meier
Projektmanagement
ISBN 978-3-86936-016-4
€ 17,90 (D) / € 18,50 (A) /
sFr 31,90

Josef W. Seifert
Visualisieren, Präsentieren, Moderieren
ISBN 978-3-930799-00-8
€ 17,90 (D) / € 18,50 (A) /
sFr 31,90

R. Meier, E. Engelmeyer
Zeitmanagement
ISBN 978-3-86936-017-1
€ 17,90 (D) / € 18,50 (A) /
sFr 31,90

Nikolaus B. Enkelmann
Optimismus ist Pflicht!
ISBN 978-3-86936-014-0
€ 20,90 (D) / € 21,50 (A) /
sFr 35,90

Christiane Dierks
Erkennbar besser sein
ISBN 978-3-89749-920-1
€ 19,90 (D) / € 20,50 (A) /
sFr 33,90

M. Hartschen, J. Scherer, C. Brügger
Innovationsmanagement
ISBN 978-3-86936-015-7
€ 19,90 (D) / € 20,50 (A) /
sFr 33,90

I. Moser-Will, I. Grube
Denkspiele
ISBN 978-3-86936-013-3
€ 19,90 (D) / € 20,50 (A) /
sFr 33,90

Weitere Informationen finden Sie unter www.gabal-verlag.de

Die Covey-Bibliothek

Stephen R. Covey
Die 7 Wege zur Effektivität
ISBN 978-3-89749-573-9
€ 24,90 (D) / € 25,60 (A) / sFr 42,90

Stephen R. Covey
Der 8. Weg
ISBN 978-3-89749-574-6
€ 29,90 (D) / € 30,80 (A) / sFr 48,90

S. M. R. Covey, R. R. Merrill
Schnelligkeit durch Vertrauen
ISBN 978-3-89749-908-9
€ 29,90 (D) / € 30,80 (A) / sFr 48,

Stephen R. Covey
Die 7 Wege zur Effektivität für Familien
ISBN 978-3-89749-728-3
€ 29,90 (D) / € 30,80 (A) / sFr 48,90

Sean Covey
Die 7 Wege zur Effektivität für Jugendliche
ISBN 978-3-89749-663-7
€ 29,90 (D) / € 30,80 (A) / sFr 48,90

Sean Covey
Die 6 wichtigsten Entscheidungen für Jugendliche
ISBN 978-3-89749-847-1
€ 29,90 (D) / € 30,80 (A) / sFr 48,

Stephen R. Covey
Die 7 Wege zur Effektivität
ISBN 978-3-89749-624-8
€ 49,90 (D) / € 50,40 (A) / sFr 81,00

Stephen R. Covey
Der 8. Weg
ISBN 978-3-89749-688-0
€ 59,90 (D) / € 60,50 (A) / sFr 96,90

Stephen R. Covey
Die 7 Wege zur Effektivität für Manager
ISBN 978-3-89749-890-7
€ 29,90 (D) / € 30,20 (A) / sFr 48,90

Stephen R. Covey
Die 7 Wege zur Effektivität für Familien
ISBN 978-3-89749-889-1
€ 59,90 (D) / € 60,50 (A) / sFr 96,90

Sean Covey
Die 7 Wege zur Effektivität für Jugendliche
ISBN 978-3-89749-825-9
€ 49,90 (D) / € 50,40 (A) / sFr 81,00

Stephen R. Covey
Focus: Achieving Your Highest Priorities
ISBN 978-3-86936-031-7
€ 29,90 (D) / € 30,20 (A) / sFr 48,90

Weitere Informationen finden Sie unter www.gabal-verlag.de

GABAL: Ihr „Netzwerk Lernen" – ein Leben lang

Ihr Gabal-Verlag bietet Ihnen Medien für das persönliche Wachstum und Sicherung der Zukunftsfähigkeit von Personen und Organisationen. „GABAL" gibt es auch als Netzwerk für Austausch, Entwicklung und eigene Weiterbildung, unabhängig von den in Training und Beratung eingesetzten Methoden: GABAL, die Gesellschaft zur Förderung Anwendungsorientierter Betriebswirtschaft und Aktiver Lehrmethoden in Hochschule und Praxis e.V. wurde 1976 von Praktikern aus Wirtschaft und Fachhochschule gegründet. Der Gabal-Verlag ist aus dem Verband heraus entstanden. Annähernd 1.000 Trainer und Berater sowie Verantwortliche aus der Personalentwicklung sind derzeit Mitglied.

Die Mitgliedschaft gibt es quasi ab 0 Euro!

Aktive Mitglieder holen sich den Jahresbeitrag über geldwerte Vorteil zu mehr als 100% zurück: Medien-Gutschein und Gratis-Abos, Vorteils-Eintritt bei Veranstaltungen und Fachmessen. **Hier treffen Sie Gleichgesinnte, wann, wo und wie Sie möchten:**

- Internet: Aktuelle Themen der Weiterbildung im Überblick, wichtige Termine immer greifbar, Thesen-Papiere und gesichertes Know-how in-form von White-papers gratis abrufen
- Regionalgruppe: auch ganz in Ihrer Nähe finden Treffen und Veranstaltungen von GABAL statt – Menschen und Methoden in Aktion kennen lernen
- Jahres-Symposium: Schnuppern Sie die legendäre „GABAL-Atmosphäre" und diskutieren Sie auch mit „Größen" und „Trendsettern" der Branche.

Über Veröffentlichungen auf der Website (Links, White-papers) steigen Mitglieder „im Ansehen" der Internet-Suchmaschinen.
Neugierig geworden? Informieren Sie sich am besten gleich!

Lernen Sie das Netzwerk Lernen unverbindlich kennen.
Die aktuellen Termine und Themen finden Sie im Web unter **www.gabal.de.**
E-Mail: info@gabal.de.

Telefonisch erreichen Sie uns per 06132.509 50-90.

„Es ist viel passiert, seit Gründung von GABAL: Was 1976 als Paukenschlag begann, ... wirkt weit in die Bildungs-Branche hinein: Nachhaltig Wissen und Können für künftiges Wirken schaffen ..."

(Prof. Dr. Hardy Wagner, Gründer GABAL e.V.)